气候变化背景下
农户粮食生产适应性行为研究

——基于黄淮海地区数据

The farmer's adaptive behavior of grain
production in the context of climate change:
Based on the data from Huang–Huai–Hai region

宋春晓　著

中国农业出版社
农村读物出版社
北　京

图书在版编目（CIP）数据

气候变化背景下农户粮食生产适应性行为研究：基于黄淮海地区数据 / 宋春晓著. —北京：中国农业出版社，2022.7

ISBN 978-7-109-29648-0

Ⅰ.①气… Ⅱ.①宋… Ⅲ.①气候变化—影响—粮食—生产—研究—中国 Ⅳ.①F326.11

中国版本图书馆 CIP 数据核字（2022）第 118237 号

气候变化背景下农户粮食生产适应性行为研究：基于黄淮海地区数据
QIHOU BIANHUA BEIJING XIA NONGHU LIANGSHI SHENGCHAN SHIYINGXING XINGWEI YANJIU：
JIYU HUANGHUAIHAI DIQU SHUJU

中国农业出版社出版

地址：北京市朝阳区麦子店街 18 号楼

邮编：100125

责任编辑：赵　刚

版式设计：王　晨　　责任校对：周丽芳

印刷：北京中兴印刷有限公司

版次：2022 年 7 月第 1 版

印次：2022 年 7 月北京第 1 次印刷

发行：新华书店北京发行所

开本：720mm×960mm　1/16

印张：12.5

字数：210 千字

定价：78.00 元

本书受以下机构或团队资助出版：

河南省农村经济发展软科学研究基地（河南省特色智库）

河南省普通高校人文社科重点研究基地（河南农业大学农业政策与农
　村发展研究中心）

河南农业大学科技创新团队——乡村振兴与农业高质量发展

本书是以下项目阶段性研究成果：

国家自然科学基金青年项目（72003057）

国家自然科学基金面上项目（72173037）

教育部人文社会科学研究规划基金项目（21YJA790039）

教育部人文社会科学研究青年基金项目（19YJC790194）

河南省哲学社会科学规划项目（2021BJJ046）

河南省哲学社会科学规划项目（2020CJJ083）

河南省哲学社会科学规划项目（2021CJJ140）

河南省教育厅人文社会科学研究项目（2021－ZDJH－0148）

河南农业大学青年英才科研启动项目（30500742）

序

　　气候变化已成为国际社会普遍关注的全球性环境问题，它的负面影响将会给社会经济发展带来重大挑战，甚至危及人类未来的生存与发展。农业尤其是粮食生产是以作物生长为基础，其对自然的依赖性强，所以气候条件一直以来都是影响农业生产的重要因素。伴随气候变化的长期趋势，以及由此引起的极端天气事件的频发，中国粮食产量波动加剧，粮食安全受到威胁。鉴于面临的气候变化及对粮食造成的潜在风险，实证分析气候变化对中国粮食生产的影响无疑显得非常重要。同时，适应性政策作为应对气候变化的两项重要政策之一，越来越受到关注。有效的适应性政策被证明可以减少气候变化对作物产量的负面影响，提高农户可持续生计能力。农户作为农业生产的决策主体，在面临气候变化风险时，其适应性决策起到至关重要的作用。

　　黄淮海地区是我国粮食主产区，且该地区近三十年气温不断升高，自然灾害频繁发生。因此，本书从总体上了解黄淮海地区的气候变化趋势和粮食生产情况，实证研究气候变化对粮食单产的影响，深入分析农户采用适应性行为的决定因素及其有效性。本书为帮助筛选有效的适应性策略，制定合理的农业适应气候变化政策提供真实有效数据，为农户积极应对气候变化的不利影响、确保国家粮食安全和保障农民收益提供重要政策建议。

　　作者宋春晓博士在硕博连读期间积极参与中科院农业政策研究中心与加拿大国际发展研究中心（IDRC）国际合作项目课题"华北平原和鄱阳湖地区水资源和适应气候变化研究"，国家哲学社会科学基金规划项目（14BGL093），国家自然科学基金青年项目

（71403082），河南省高等学校高层次人才专项支持计划（30601360）等多项国际、国家相关课题，参加全国各地田野调查，收集整理大量农户微观数据，积极参与国际国内各种学术研讨会，在会上积极汇报发言。并在2016—2017年赴新西兰怀卡托大学公派留学，学习各种经济学前沿理论知识，定期参加学术会议，与国外导师和其他学者沟通交流等。

最终，在2018年顺利完成博士论文"气候变化背景下农户粮食生产适应性行为研究——基于黄淮海地区数据"。部分研究成果在国际农业经济领域重点刊物 Australian Journal of Agricultural and Resource Economics（SSCI&SCI）发表。在此基础上，宋春晓博士于2020年成功申请国家自然科学基金项目"种粮农户应对气候变化的适应性行为研究——基于黄淮海地区数据（72003057）"，为进一步更深入地关于气候变化适应性研究做了有力支撑。

目前，气候变化的农业适应性研究仍属新兴领域，希望更多的学者加入研究行列中，为我国全面应对气候变化、确保农业生产安全、全面推进乡村振兴做出更大贡献。

马恒运　于河南农业大学

2022年4月

　　气候变化影响评估和适应气候变化已成为国际学术界最为关注的研究领域。伴随气候变化的长期趋势，极端天气事件的频繁发生，中国粮食安全和农民的种粮收入受到了严重威胁。农户作为农业的基本生产单位和农业生产的决策主体，在面临气候变化风险时，其生产决策和适应性决策起到至关重要的作用。然而，目前气候变化对中国粮食生产力影响的研究定论尚不明确，政府制定的适应政策在帮助农户应对气候变化方面也缺乏针对性的指导。现实农业生产中，农户会采取什么样的措施应对气候变化？采取适应性措施的影响机理是什么？农户采取的相应措施是否可以减少气候变化对粮食生产带来的风险，从而提高农户的种粮收益？基于此，分析气候变化对中国粮食生产的影响及研究农户采取适应性行为决策机理和有效性无疑显得非常重要。

　　黄淮海地区是我国粮食主产区，且该地区近三十年气温不断升高，自然灾害频繁发生。因此，本书基于中国黄淮海地区气象观测数据、农业生产数据及大规模的农户微观调查数据，首先，从总体上了解黄淮海地区的气候变化趋势和粮食生产情况，对粮食生产中农户应对气候变化时所采用的适应措施种类与特征进行归纳总结；其次，利用多层模型实证分析气候变化对粮食单产的影响，测算长期气候变化和极端天气事件对小麦和玉米不同生长阶段的影响方向与程度；再次，根据适应措施分类，利用内生转换模型分别实证分析采用工程类适应措施和非工程类适应措施（节水技术措施、农田管理措施与风险管理措施）的决定因素，以揭示种粮农户的气候变化行为的选择特征；最后，以粮食产量、粮食产出风险和农户的种粮净收益为评价指标，评估种粮农户的气候变化适应性行为的选择有效性。

主要研究结论包括以下四个方面。

第一，黄淮海地区总体气候变化趋势与粮食生产情况。一是黄淮海地区年平均气温呈明显的上升趋势，尤其是近三十年，急剧增暖现象突出，冬季增温趋势最为明显。相比之下，年均降水量变化趋势并不明显，但是年际间波动较大。二是在粮食播种面积呈现下降趋势的背景下，黄淮海地区粮食产量的增加主要依赖于粮食单产的增长。

第二，气候变化对黄淮海地区粮食单产的影响。一是长期气候变化对小麦和玉米单产的影响随着作物生长阶段的不同而不同。在冬季，适当增温会对小麦产量增加有积极作用，但是在春季，增温会导致小麦减产。在并进期内，平均气温的上升会显著促进玉米增产，而在生殖生长期，平均气温的上升会导致玉米减产。二是相比于长期气候变化，极端天气事件的发生对小麦和玉米单产的负面影响程度更大。三是粮食单产存在显著的空间异质性，即粮食单产的异质性不仅受地块特征、农户特征及生产要素投入的影响，还受所在村庄社会经济特征差异的影响。

第三，种粮农户（本书也称为农户）的气候变化适应性行为决策。一是农户会采取不同种类的适应性措施以应对气候变化，且农户在受灾年采用各类措施的比例比正常年份下采用的比例高。农户对工程类适应措施的采用比例为37.3%，对非工程类适应措施的采用比例从高到低依次为节水技术（87.5%）、农田管理（55.3%）和风险管理措施（40.1%）。二是政府提供的气象预警防治信息、应对灾害的技术物资支持，以及生产技术培训等对农户采取适应性措施应对气候变化起到积极作用。这表明，地方政府提供应对气候变化的政策和服务是提高农户适应气候变化风险能力的关键。三是农户的家庭财富对农户采取适应性措施具有积极影响。贫困农户在面临长期气候变化和极端天气事件时，由于缺乏资金很难采取适应性措施，其粮食产量和种粮收益更容易受到损害。因此，政府的技术物资支持，对于贫困农户提高其应对气候变化的能力尤为重要。四是扩大耕地面积、实现农业规模经营不仅有助于农户采取适应性措施以应对气候变化，同时对增加粮食产量、减少粮食产出风险，以及提高种粮净收益具有显著的积极作用。

第四，种粮农户气候变化适应性行为的有效性。一是在长期气候变化和极端天气事件下，采用工程类适应措施确实可以减少粮食产量的损失，但增加的粮食产量所获得的收益被高成本的投入所抵消，也就是说粮食产量的增加与粮食净收益的提高并不同步。农户如果将工程类适应措施的投资和增加生产要素投入同时实施，将导致投入成本过高，农户净收益不升反降。二是在应对干旱时，农户采用节水技术可以增加粮食产量，减少风险，确保农户的种粮净收益。不同种类的节水技术对粮食产量和净收益的影响有所不同。相比于传统型节水技术，农户型和社区型节水技术的采用会使农户的粮食产量和种粮净收益增加幅度更大。三是农户采用农田管理措施可以有效减少气候变化对粮食生产产生的负面影响，并有效增加农户的种粮净收益。四是农户参与农业保险是有效应对气候变化的风险管理适应性措施。参与农业保险可以显著增加农户种粮净收益，提高农户的种粮积极性。

基于上述研究结论，本书提出以下几点政策建议：第一，在制定农业适应气候变化的相关政策时，需要优先考虑极端天气的潜在影响及应对策略。第二，加快建立和完善应对自然灾害的服务体系，提高和完善适应气候变化的公共服务，将适应气候变化的公共服务纳入国家的公共推广体系。同时，政府应该提供合理的技术、物质和资金支持，以鼓励农户采取适应措施应对气候变化。第三，加大工程类排灌基础设施的投资和管理力度，鼓励农户选择易采用、成本低的农田管理措施应对气候变化，大力发展先进型节水技术应对干旱灾害，同时，构建合理的农业保险补贴机制，提高农户应对风险能力。第四，加强农业供给侧结构性改革，推进农业节本增效，即减少化肥、农药投入，增加有机肥使用，保护农业环境。第五，推动农村集体经济的发展，加快农业规模化经营，推进农业现代化进程。

目 录

第1章 引　言

1.1　研究背景

1.1.1　气候变化及对粮食安全影响[①]

许多科学事实表明，全球正在经历以气候变暖为主要特征的气候变化。IPCC（Intergovernmental Panel on Climate Change，政府间气候变化专门委员会）（2014a）发布的报告指出，全球平均地表温度在 1880—2012 年上升了 0.85℃，预计 2080—2100 年，全球温度上升幅度将超过 2.6℃。中国增暖趋势尤为明显，尤其是近半个世纪以来，增温速度与幅度显著高于全球平均水平，急剧增暖现象尤为突出（IPCC，2014a；Ke and Wen，2009；Piao et al.，2010）。国家气候变化评估委员会（2011）预计，相较于 20 世纪，2020 年中国地表气温将上升 1.3~2.1℃，2050 年地表气温将上升 2.5~4.6℃。温度的升高加快地表水蒸发，加剧水资源循环，导致中国降水出现了区域性和季节性的不均衡变化，且变化波动较大，华北大部分地区、西北东部和东北地区降水量明显减少，华南与西南地区降水则明显增加（国家气候变化评估委员会，2011）。农作物在最需要水的时候出现季节性干旱，导致水资源短缺。

伴随气候变化的长期趋势，极端天气气候事件[②]（比如热带气旋、温带气旋、干旱、洪涝、霜冻等）的发生频率和强度也呈增加态势。IPCC（2012）

[①]　气候是指一段时间内天气的模式和分布，可以用一段时间内天气的平均值来表征（Burke et al.，2011；Deschênes and Greenstone，2007；2011）。气候变化是指气候平均状态随时间的变化，即趋势或离差出现了统计意义上的显著变化。根据时间分类，气候变化分为长期气候变化（主要指 30 年以上的平均或其他形式的气候变化）、年际间气候变化（主要强调年间的天气变异）和极端天气气候事件（如干旱、洪涝、风暴、温热带气旋等）（Smit，1999）。

[②]　极端天气气候事件又称为极端天气事件，是指天气（气候）的状态严重偏离其平均态，在统计意义上属于罕见发生的事件，相当于观察到的概率密度函数小于 10%（IPCC，2012）。世界气象组织指出，极端天气事件的发生和气候变暖有关，是气候变化的表现之一。

和 IPCC（2014b）报告指出，在世界范围内，未来的极端天气气候事件发生的风险可能将会一直持续增大，预计 21 世纪末，气象干旱（降水量减少）和农业干旱（干旱的土壤）将会更频繁地出现。同样，在过去近 50 年中，中国区域性高温、气象干旱和强降水事件频次趋多（国家气候中心，2012），且以干旱事件最为突出，区域性的强降水也导致了洪涝的发生具有明显的空间异质性（丁一汇等，2006）。未来中国区域性干旱范围进一步扩大，热浪、极端降雨及由其导致的洪涝也可能增加（Zhai et al.，2005；Zhang et al.，2006）。

农业尤其是粮食生产是以作物生长为基础，对自然的依赖性强，所以气候条件一直以来都是影响农业生产的重要因素（钟甫宁，2011）。长期气候变化和极端天气事件的增加已经加剧了粮食产量的波动，威胁到我国的粮食安全。过去几十年，气候变暖已造成中国大部分地区小麦和玉米产量下降；降水量增加造成中国南方地区大米产量整体下降，相反，降水量减少导致中国西北地区小麦产量下降（Tao et al.，2008a；Zhang and Huang，2012；Zhang et al.，2010）。1950—2016 年，中国因旱灾导致的粮食产量损失年均达到 1 630.2 万吨，相当于粮食总产量的 4.59%（新中国六十年年统计资料汇编，2009；中国统计年鉴，2017；中国水旱灾害公报，2017），这一比例高于同期的技术进步贡献率（Chen et al.，2008）；同时，中国因涝灾导致粮食产量损失年均达到 650.2 万吨[①]，占粮食总产量的 1.83%。由于灌溉潜力有限，在气候变化背景下，干旱和洪涝可能导致缺乏灌溉条件区域的农业生产能力进一步降低（Wang et al.，2009）。鉴于日益严重的气候变化形势，未来气候条件对中国粮食安全的影响程度势必加深。气候变化国家评估报告（2007）就指出，如果不采取任何措施，到 21 世纪后半期，气候变化会导致中国的主要粮食作物，如小麦、水稻和玉米的产量最多可下降 37%。

气候变化影响评估已成为国际学术界最为关注的研究领域之一。鉴于面临的气候变化及其对粮食造成的潜在风险，实证分析气候变化对中国粮食生产的影响无疑显得非常重要。然而，许多学者主要基于自然科学的实验方法研究了气候变化和中国粮食生产的关系，没有考虑社会经济因素和人类行为，因而对社会经济影响的解释力有限（Lobell and Costa - Roberts，2011；Mendelsohn

---

① 每年因涝灾粮食损失量计算方法：当年粮食单产（粮食总产量÷粮食总播种面积）×［粮食成灾面积（农作物成灾面积÷农作物总播种面积×粮食总播种面积）×30%＋粮食受灾面积×10%］。其中，农作物成灾面积指因灾害造成在田农作物产量损失 3 成或 3 成以上的播种面积；农作物受灾面积指因灾害造成在田农作物产量损失 1 成或 1 成以上的播种面积（中国水旱灾害公报，2017）。

et al.，1994；Schlenker et al.，2006；Seo，2014）。近年来，一些经济学者基于人类理性行为分析长期气候变化对粮食单产或土地净收益的影响，但多数文献主要利用省级或县级宏观数据进行分析（Chen et al.，2014；Chen et al.，2016；Holst et al.，2013；Wei et al.，2014；You et al.，2009；陈帅，2015；陈帅等，2016；崔静等，2011；黄维等，2010；李天芳，2015），很少考虑村级特征及农户特征差异的影响（Chen et al.，2017；麻吉亮等，2012），也没有加入对极端天气事件的分析。那么，在考虑社会经济因素和人类行为后，气候变化对粮食生产影响的方向和程度如何？相比于长期气候变化，粮食产出是否对极端天气更为敏感？这些问题都有待研究。

1.1.2　适应气候变化的重要性

有效地适应措施可以减少气候变化对作物产量的负面影响，提高农户可持续生计能力（IPCC，2014）。众多的模拟实验结果表明，在不同气候模拟情景下，各个适应策略可以有效降低气候变化对农业带来的风险与不利影响。因此，越来越多的国家开始关注如何制定政策以应对气候变化。目前来看，减排（mitigation）和适应（adaptation）是应对气候变化的两个重要政策（IPCC，2007；UNDP，2007）。然而，由于气候变化在短期内难以逆转，减排政策的效果具有相当大的滞后性，各国对应承担的减排义务分歧较大，全球减排机制尚未形成（Nordhaus，1992、2007；崔永伟等，2012），适应政策也应该作为重点纳入国家计划与发展进程的一部分（FAO，2009；World Bank，2010）。12 个欧盟国已经建立起《国家适应策略》，美国发布了《气候行动计划》，中国在 2013 年和 2014 年也分别发布了《国家适应气候变化战略》和《国家应对气候变化规划（2014—2020 年）》。其中明确提出将应对气候变化作为国家重大战略，坚持减缓和适应气候变化同步推动的基本原则，并强调了适应气候变化能力大幅提升等目标，同时也罗列了关于农业方面应对气候变化的措施和政策（国家发展与改革委员会，2013、2014）。

然而，目前国家和省级政府出台的适应政策和计划基本上停留在宏观层面，对农户微观主体而言，政府适应政策在帮助应对气候变化方面尚缺乏针对性的指导和实践性（汪阳洁，2014）。农户作为农业的基本生产单位，是农业生产的决策主体。在面临气候变化风险时，农户的决策和适应性行为显得至关重要。虽然目前一些文献已经开展了对农户适应气候变化的研究，但大多数文献只是分析了农户采取适应性决策的影响因素（Bryan et al.，2009；Chen et al.，2014；Deressa et al.，2009；Gbetibouo et al.，2010；Jin et al.，2015；Piya et al.，2013；Seo et al.，2008；Wang et al.，2014b；Yegbemey et al.，2013），很少有人评估农户适应性行为选择的有效性（Asfaw et al.，2016；Di Falco et al.，2011；Huang et al.，2015）。那么，在我国耕地面积逐年减少，后备土地资源严重不足，国内粮食供求仅仅维持紧平衡状态，农业科技的突破和推广也越来越受到气候条件的制约（刘彦随等，2010）的情况下，农户采取适应性措施是否能保证粮食产量不受损失？是否会减缓气候变化对粮食生产带来的风险？这些问题有待探究。在粮食生产方面，从宏观角度考虑，国家会更倾向于保障粮食安全，而从微观角度出发，农户更关心的是如何提高农业收入。目前，我国粮食生产所需的农资成本尤其是人工成本呈快速上升趋势，然而在粮食价格国际与国内"倒挂"情况下，我国主粮的收购价格出现下调，市场价格也全线下挫，粮农户收益大幅度缩水，粮食生产微利性和弱质性特征更加明显。采取适应措施产生的调整成本是否会被增加的粮食收益所弥补？即采用适应措施是否可以提高农户的种粮收益？此外，不同的适应措施采用效果有何差别？这些问题也急需探索。

1.2 研究目的与意义

1.2.1 研究目的

黄淮海地区是我国的粮食主产区，该区域作物种植结构主要为一年两熟。小麦、玉米和稻谷的产量分别可以达到全国总产量的 75％、30％和 20％。然而，该区域降水季节性差异过大。由于夏季集中了全年降水量的 60％左右，常出现洪涝灾害；而秋冬春三季均存在水分亏缺，没有灌溉条件的地区往往受到干旱的严重威胁（徐建文等，2014）。近些年来，黄淮海地区还出现了温度上升、降水量下降、干旱不断加剧等气候变化。因此，本书选取黄淮海地区的河南、河北、山东、安徽、江苏 5 个省作为考察对象。

本书研究目的是，基于对黄淮海地区五省的大规模实地调查数据，以及相关政府部门的统计数据，定量分析气候变化对粮食生产的影响。以农户模型理论、适应性行为理论、期望效用理论为基础，揭示农户气候变化适应性行为决策机理。评估农户采取适应性措施对保证粮食产量、减缓农业生产风险及保障农户种粮收益的可能效果，并根据效果对不同适应措施进行排序，从而提升我们在气候变化对粮食生产影响和适应方面的认知，在此基础上，为国家农业适应气候变化政策设计与适应规划的制定提供实证依据和科学对策。具体目标如下：

目标一：从总体上了解黄淮海地区的气候变化趋势和粮食生产情况，对粮食生产中农户应对气候变化时所采用的适应措施种类与特征进行归纳总结。

目标二：利用经济学方法，考虑不同村庄间粮食生产的空间异质性，在控制农户生产行为和社会经济特征下，利用多层模型分析气候变化对黄淮海地区粮食单产的影响，测算长期气候变化和极端天气事件对小麦和玉米不同生长阶段的影响方向与程度。

目标三：根据适应措施分类，利用内生转换模型分别实证分析采用工程类适应措施和非工程类适应措施（节水技术适应措施、农田管理适应措施与风险管理适应措施）的决定因素，以揭示种粮农户适应气候变化行为的选择特征和决策机理。

目标四：以粮食产量、粮食产出风险和农户的种粮净收益为评价指标，评估不同种类的适应性措施的实施效果，以衡量和评价种粮农户气候变化适应性行为选择的有效性，为制定合理的农业适应气候变化政策提供可靠依据与建议。

1.2.2　研究意义

1.2.2.1　学术意义

基于经济学研究，本书利用多层模型实证分析长期气候变化和极端天气事件对粮食不同生长阶段的影响。一方面，考虑了社会经济因素和人类行为，另一方面，考虑了不同村庄间粮食生产的空间异质性，从而极大地丰富了传统的气候变化影响研究内容，有助于识别气候变化对粮食的真实影响，也为预估气候模拟情景对农业的影响提供重要数据。

关于农户应对气候变化的适应性行为的研究，本书以农户模型理论、期望效用理论、适应性行为理论为基础，对农户应对气候变化的适应性行为进行研究，采用内生转换模型分析农户应对气候变化的适应性行为决策及适应性行为的有效性，从而可以准确了解农户适应气候变化的行为决策机理。同时，将农户的适应性行为纳入分析框架，扩展了气候变化适应性框架的应用。

1.2.2.2　政策价值

有助于政府重视与气候变化有关的公共服务水平，以改善种粮农户对气候变化的适应能力；帮助筛选有效的适应性策略，为制定合理的农业适应气候变化政策提供实证数据。同时，农户积极应对气候变化的不利影响对稳定我国粮食产量、确保国家粮食安全及保障农户种植收益具有重要的意义。

1.3 研究内容与技术路线

1.3.1 研究内容

本书将分别开展如下四个方面的具体研究。

第一，基于政府统计的农业生产资料和气象观测数据，描述中国黄淮海地区长期气候变化和极端气候事件发生的特征和变动趋势，以及黄淮海地区五个省的粮食生产变化趋势，从总体上了解气候变化与粮食生产的关系，并对粮食生产中种粮农户应对气候变化时所采用的适应措施种类与特征进行归纳总结。

第二，利用农户面板数据，引入多层模型分析框架，构造包括长期气候变化和极端天气事件在内的 C-D-C 生产函数，在控制村级、农户的社会经济特征，以及农户生产投入行为下，定量评估气候因素对黄淮海地区粮食生产的影响，测算长期气候变化和极端天气事件对小麦和玉米不同生长阶段的影响方向与程度。

第三，根据适应措施分类，利用内生转换模型分别实证分析采用工程类适应措施和非工程类适应措施（节水技术措施与风险管理措施）的决定因素，以揭示种粮农户气候变化行为的选择特征，探究种粮农户适应性行为选择的内在机理。

第四，以粮食产量、粮食产出风险和农户的种粮净收益为评价指标，评估种粮农户气候变化适应性行为选择有效性。对比不同种类措施的有效性评估结果，筛选有效的适应性策略，为制定合理的农业适应气候变化政策提供可靠依据与建议。

1.3.2 技术路线

基于以上研究目标和研究内容，本书按照以下技术路线（图1-1）开展研究。

第一，基于气候变化对中国粮食生产的影响及适应性行为的重要性等研究背景，收集相关领域的文献资料，对已有研究进行归纳总结。

第二，提出两大研究问题，即气候变化的影响和气候变化的适应。基于提出的问题和对已有研究的总结确定需要的数据，设计调查问卷，开展调研，并收集和整理黄淮海地区气象观测数据，以及农户微观调查数据，构建完整数据库。

第三，基于研究问题和整理数据，一方面，构建气候变化对粮食生产影响的计量经济模型，估计气候变化的边际影响，从而揭示气候变化影响机理。另一方面，详细分析和归纳种粮农户采取的不同适应策略，在此基础上建立工程类适应措施和非工程类适应措施采用的决定因素模型和适应措施采用效果评估模型，定量估计适应措施对保证粮食产量、减少生产风险和保障种粮收益的作用。对比不同的适应措施采用效果，筛选有效适应性策略。

第四，基于实证研究结果，总结和提炼气候变化对粮食生产的影响，农户适应气候变化的决定因素和效果的主要研究结论，并根据研究结论提出相应的政策建议。

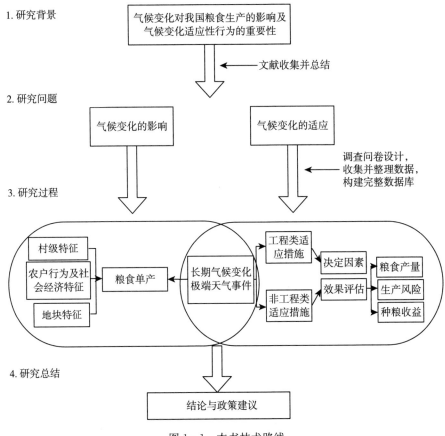

图 1-1 本书技术路线

1.4　组织结构和框架

根据本书的研究目标和研究内容，本书分十章展开讨论。

第1章，引言。作为全文的导入部分，本章主要介绍研究背景，引出研究问题，阐述研究目的、内容和意义，构建本书的组织结构和框架，最后分析可能的创新点与不足之处。

第2章，文献综述。本章主要从研究结论和研究方法等方面回顾气候变化对农业生产影响的研究现状，阐述适应气候变化研究框架，总结农户应对气候变化适应性行为研究。对相关文献进行较为全面的梳理和归纳，并做简要评述。

第3章，理论基础、研究假说与计量模型。本章首先简单介绍相关理论。根据理论和已有文献构造研究所需要的分析理论，包括粮食单产影响、农户适应决策和适应性行为有效性的理论分析，并提出相应的研究假说。其次，本章详细说明为印证研究假说和实现研究目标所采用的研究方法，构造计量模型。最后，本章详细说明大规模实地调查数据的抽样方法，描述农户数据的来源与分布。

第4章，黄淮海地区气候变化、粮食生产及农户适应性特征。本章主要基于政府部门统计的农业生产和气象观测数据，以及黄淮海地区五省（河南、河北、山东、江苏、安徽）大规模种粮农户的微观调查数据，对中国黄淮海地区长期气候变化和极端天气事件发生特征、粮食生产特征及变动趋势、种粮农户应对气候变化的适应性行为特征，以及相关关系进行描述性统计分析，以便从总体上了解气候变化与粮食生产的关系，阐明粮食生产面临的潜在气候变化风险，梳理农户在粮食生产中采用适应气候变化相关的各类措施，为后续实证研究气候变化对粮食生产的影响及揭示种粮农户气候变化适应性行为及效果奠定基础。

第5章，气候变化对冬小麦和夏玉米单产影响。利用农户面板数据，引入多层模型分析框架，构造 C-D-C 生产函数，定量分析长期气候变化和极端天气事件对中国黄淮海地区冬小麦和夏玉米不同生长阶段的影响。同时，考察村庄社会经济特征、农户社会经济特征和农户生产投入行为对粮食生产的影响。这样不仅可以反映出农户微观层面的行为选择特征对粮食单产的影响，而且可以反映出村庄空间异质性对粮食单产的影响。

第 6 章，农户采用工程类适应措施决定因素及效果。基于实地调查数据，识别粮食生产中农户采用与适应气候变化相关的具体工程类适应措施。利用内生转换模型对农户采用工程类适应措施的行为决策进行分析，并探讨其对农户粮食产量、粮食产出风险和种粮净收益的影响效应，以此判断和验证农户采用工程类适应措施的有效性。

第 7 章，农户采用节水技术适应措施决定因素及效果。基于实地调查数据，将节水技术适应措施进行分类，并初步考察节水技术与粮食产量和净收益的关系。利用内生转换模型对农户采用节水技术的决定因素进行实证分析，以粮食产量、产出风险和种粮净收益为评价指标，判断和验证农户采用节水技术的有效性。并利用混合效应模型考察不同种类节水技术适应措施（传统型、农户型和社区型节水技术）的处理效应。

第 8 章，农户采用农田管理适应措施决定因素及效果。基于实地调查数据，识别粮食生产中农户采用与适应气候变化相关的农田管理措施。利用内生转换模型对农户采用农田管理措施的行为决策进行分析，并探讨其对农户粮食产量和种粮净收益的影响效应，以此判断和验证农户采用农田管理适应措施的有效性。

第 9 章，农户采用风险管理适应措施决定因素及效果。以参与农业保险为例，初步考察农户参与农业保险与种粮净收益的关系。利用内生转换模型，分析农户参与农业保险的决定因素，并计算其对种粮净收益的处理效应，以此判断和验证农户采用风险管理适应措施（参与农业保险）的有效性。

第 10 章，研究结论与政策建议。本章概括性地总结上述各个章节的研究结论，并根据研究结论提出合理有效的政策建议。

1.5 创新与不足

1.5.1 可能创新

在研究视角方面，目前大多数文献在研究气候变化和中国粮食生产的关系，以及应对气候变化的适应性效果方面，主要以自然科学角度开展研究，缺乏经济学视角的分析。本书将气候学、农业科学及经济学结合起来，从交叉学科的角度考察气候变化对粮食生产的影响。在此基础上，本书基于人类理性行为，从农户微观视角分析气候变化适应性行为的决定因素和效果。

在研究内容方面，首先，本书不仅考虑了长期气候变化对粮食生产的影响,同时加入了对极端天气事件的讨论。将长期气候变化和极端天气同时考虑在内,比较分析它们对粮食不同生长阶段的影响程度和方向。其次,本书加入了应对气候变化风险决策的经济理论分析,以及农户适应性行为选择的有效性评估,并创新地分析了采用适应气候变化措施对粮食生产风险(粮食产出风险)和农户净收益的影响。利用粮食产出风险指标,可以直观得出采用适应措施对减少气候变化风险的作用;利用粮食净收益指标,可以从微观角度,分析采用适应措施对农户种粮收入的影响,探讨农民种粮的积极性。

在研究方法方面,首先,本书为处理空间异质性问题,构造基于多层模型的C-D-C生产函数,利用多层模型把单一随机误差项分解到各组群上,同时控制了村级和农户的社会经济因素及农户生产投入行为,有助于识别气候变化对粮食单产的真实影响。其次,通过内生转换模型构造农户适应性行为决策与适应性行为效果的联立方程,解决遗漏变量的内生问题。最后,建立"反事实"假设,估计适应性决策的平均处理效应,解决处理效应的异质性问题。

1.5.2 不足之处

在研究内容方面,本书对各类适应性措施采用的决定因素和效果进行了单独分析,忽略了种粮农户采用不同适应性措施之间可能存在的关系,需要进一步探讨。

在研究视角方面,没有对比分析小农户与种粮大户在采用适应性措施应对气候变化时的不同,缺乏对不同类型农户适应性行为特征的讨论。同时,本书仅使用了三年的短面板数据,没有对农户进行追踪调查,因此在时间尺度方面没有提供更多信息,缺乏对农户适应性行为动态变化的深入研究。由于气候变化缺少时间上的变异,对于需要长期才能观察到的更为可靠的适应性措施,如调整作物生产结构及工程类适应措施的长期效果等,缺乏精确性分析。

在研究方法方面,缺乏对实验经济学方法的应用。通过实验经济学方法控制农户的其他变量,对农户是否采用适应性措施进行定量测度,可以得到更为精确的研究结果。

第 2 章　文献综述

气候变化已成为国际社会普遍关注的全球性环境问题，给社会经济发展带来了重大挑战（国家气候变化评估委员会，2011）；相应地，气候变化对农业影响和适应性行为的研究正成为气候变化经济学前沿研究的重要领域。分析气候变化对农业和其他产业部门的影响和适应的经济学研究是过去近二十年新兴的一项研究，因而无论在理论方法、模型设计、数据使用还是在研究结果上均存在较大争议。本节旨在从气候变化对农业部门的影响和气候变化适应性研究两个方面入手，对研究内容和结论提供一个较为全面的梳理和归纳。

2.1　气候变化对农业生产的影响

气候变化是指气候平均状态随时间的变化，即趋势或离差出现了统计意义上的显著变化。气候变化可以根据时间分类为长期气候变化（主要指 30 年以上的平均或其他形式的气候变化），年际间气候变化（主要强调年际间的天气变异）和极端天气气候事件（如干旱、洪涝、风暴、温热带气旋等）（Smit et al.，1999）。极端天气气候事件又称为极端天气事件，是指天气（气候）的状态严重偏离其平均态，在统计意义上属于不易发生的事件（IPCC，2012）。在关于气候变化对农业生产的研究中，主要研究内容多集中在分析气候变化对粮食产量的影响，气候变化对农业种植结构的影响，以及在分析过程中所使用的研究方法上。

2.1.1　气候变化对粮食产量及安全的影响

气候变化对粮食产量和粮食安全的影响已成为气候变化研究的一个重点领域。一些学者利用生产函数的方法分析了气候变量与我国粮食单产之间的关系。更多的学者从自然科学角度出发，通过构建作物模型、模拟未来气候变化指标与场景、建立大气环流模型等，预测未来气候变化对我国粮食产量可能造成的影响。

从整体来看，气候变量会显著影响粮食单产，并且未来气候变化会对我国粮食产量造成显著的负面影响，但不同区域和不同季节内的影响存在较大差异。本书从研究方法和研究结果两个方面，将气候变化对中国粮食的整体影响进行了总结（表2-1）。

表2-1　气候变化对中国粮食整体影响研究

研究方向/方法	研究结果	作者/年份
气候变化与粮食产量相关关系		
生产函数的随机效应模型	气温升高、降水量增加对中国县域粮食增产整体上具有促进作用，然而，区域间存在差异。气温上升和降水量的增加对东北、华北及西北地区的粮食产生正影响，对其他地区则产生小幅的负作用	黄维等（2010）
生产函数的固定效应模型	作物生长期气温升高对中国粮食作物单产均具有负向影响；作物生长期降水量增加对冬小麦、北玉米单产具有显著的正向影响；日照增加对华南地区冬小麦单产具有正向影响，但对东北地区春小麦单产具有负向影响	崔静等（2011）
一阶差分回归、作物模型	温度的增加、降水的减少及干旱引发的水资源短缺都会导致我国北方地区粮食产量下降。由于水资源充沛等原因，南方地区温度、日照对粮食产量产生正影响	Zhang and Huang（2012）
Just and Pope 模型	气温每升高1℃，会导致我国北方和南方粮食综合产量分别下降460万吨和280万吨，经济损失达到131亿元；降水每增加100毫米，会导致北方粮食综合产量增加795万吨，南方产量下降122万吨	Holst（2013）
多投入多产出生产函数	气温升高对土地的农业生产具有负面影响，其中西北地区受温度上升的不利影响最大；降水增加对除南方以外的所有区域都有正面影响	侯麟科等（2015）
生产函数的固定效应模型	温度、降水对我国三大主要粮食单产呈现非线性关系。同时，湿度的增加有益于粮食产量的提高，而风速对粮食产量呈负作用	Zhang et al.（2017）
回归分析和面板数据敏感性分析法	气候变暖导致黄淮海地区冬小麦播种时间推迟，生育期缩短。对于夏玉米生育期，北部延长而南部缩短。温度上升导致该区域夏玉米减产，冬小麦增产；降水增加对导致冬小麦产量下降，而有利于北部夏玉米生产	孙新素等（2017）

（续）

研究方向/方法	研究结果	作者/年份
未来气候变化模拟情景下的粮食产量预测		
作物模型、大气环流模型（GCM）	未来 30 年内，我国种植业产量可能会减少 5％～10％	秦大河等（2002）；林而达等（2006）
作物模型、大气环流模型	未来 100 年（2000—2100 年），我国东北地区玉米、华北地区冬小麦和南方早晚稻的生育期都将缩短，且产量也会分别下降 3％、10.1％、3.6％和 2.8％	张建平等（2007）
一阶差分的多元线性回归	由于生长季节气候变化趋势，1951—2002 年，水稻总产量每十年增加了 32 万吨；1979—2002 年，小麦、玉米总产量分别下降了 12 万吨、212 万吨，而大豆产量增加了 6 万吨	Tao et al.（2008a）
灰色预测模型	到 2050 年，A2 和 B2 情景下，气候变化对全国的粮食产量的损失将分别高达 16.3％和 14.9％	王丹（2009）
中国农业政策分析模型	气温升高将导致我国粮食总产量减少 10.1％，干旱缺水将导致华北和西北地区粮食减产超过 10％	周文魁（2012）
作物模型、大气环流模型	在 20 世纪末，气候变化会造成我国水稻、小麦、玉米三大主粮减产幅度分别达到 36.25％、18.26％和 45.1％	Zhang et al.（2017）

第一，作物生长期气候变量与粮食单产之间存在相关关系。首先，作物生长期气温和降水量对粮食作物单产的影响呈现"倒 U"型非线性关系。在一定温度和降水范围内，产量随温度和降水的增加而提高，当高于一定限度，气温升高和降水增多后，会抑制产量增长并对其造成显著的负影响（Wei et al.，2014；崔静等，2011；黄维等，2010）。其次，除温度和降水因素外，湿度、风速、光照等气候变量也会对粮食产量产生影响。例如：Zhang et al.（2017）研究得出，湿度的增加有益于粮食产量的提高，而风速却对粮食产量呈现负作用。他指出，分析气候因素对粮食产量影响时，不仅要考虑温度和降水，同时要考虑其他气候因素，否则可能会导致结果有偏。再次，一些学者通过划分不同区域研究得出，气候变化对我国的影响随区域不同而产生较大差异。例如，Holst et al.（2013）研究得出，随着气温和降水的变化，南北方的粮食综合产量的变动差异非常明显。当气温每升高 1℃，会导致我国北方粮食综合产量下降程度（460 万吨）高于南方地区（280 万吨）。而降水每增加 100 毫米，会导致北方粮食综合产量增加 795 万吨；相反，会导致南方粮食产量下降 122 亿吨。侯麟科等（2015）指出，相比较于其他地区，西北地区受温度上升的不利影响最大。孙新素等（2017）指出，过去二十年间（1992—2013），温度升高

导致黄淮海地区夏玉米减产而冬小麦增产，降水增加有利于该地区北部夏玉米产量增加，而对该地区冬小麦产量造成负面影响。

第二，在未来气候变化模拟情景下，我国主要粮食作物的产量变化呈明显下降趋势。例如，秦大河等（2002）和林而达等（2006）的模拟研究表明，未来 30 年内，由于全球变暖，我国种植业产量在总体上可能会减少 5%～10%，其中小麦、水稻和玉米三大粮食作物均以减产为主。张建平等（2007）模拟分析了未来 100 年（2000—2100 年）内，在气候变化情景下我国主要粮食作物发育和产量变化趋势。结果表明，东北地区玉米生育期会缩短，产量也会相应地下降 3%；华北地区冬小麦的生育期平均缩短 8.4 天，产量平均减产 10.1%；南方早晚稻生育期平均分别缩短 4.9 天和 4.4 天，平均减产 3.6% 和 2.8%。Tao et al.（2008a）利用一阶差分回归模型得出，1951—2002 年，水稻总产量每十年增加了 32 万吨；1979—2002 年间，小麦、玉米总产量分别下降了 12 万吨、212 万吨，而大豆产量增加了 6 万吨。王丹（2009）通过灰色预测模型预测得出，到 21 世纪中叶，在 A2（中高排放）情景下和 B2（中低排放）情景下，气候变化对我国三大粮食的增产都呈现负贡献，并且粮食主产区和全国粮食产量都会遭受不同程度的损失。周文魁（2012）通过模拟未来气候变化指标，构建出温度升高、降雨减少、水资源短缺等造成粮食单产下降的情景，指出由于干旱，在水资源短缺情况下，我国的粮食总产量将减少 0.5%，华北和西北地区的粮食减产幅度将超过 10%；由于气温升高，在粮食单产下降的情景下，我国粮食总产量将减少 10.1%。

针对不同的粮食作物，气候变化影响的研究结论也存在较大差异。本书主要从水稻、小麦、玉米三大粮食作物出发，总结气候变化对其分别造成的影响结果，详见表 2-2。

关于气候变化对我国水稻产量的影响。由于气候变化及其他因素的影响，水稻产量面临波动及增长停滞等巨大挑战。首先，虽然一些研究基于历史数据，指出气候变化对水稻产量产生了正面影响，但是其造成的产量波动及增长停滞等问题也不可小觑（Liu et al.，2016；Lobell and Costa - Roberts，2011；Yu et al.，2012）。其次，一些研究学者预测得出，全球气候变暖将会造成我国水稻生长期缩短、单产下降等。例如，Liu et al.（2012）分析得出，当不考虑调整品种，全球气候变暖会导致样本区的水稻生长期缩短和单产降低。陈帅等（2016）预测，本世纪末，气候变化将导致中国水稻单产降低 2%～16%。此外，极端天气对水稻产量造成的负面影响也被关注。Zhang et al. （2016）研究得出，当极端高温增加时，不同品种的水稻产量将下降 0.14%～0.34%。汪阳洁（2014）认为，极端天气会显著降低水稻单产，并且其负面影响程度比长期气候影响更大。极端干旱事件会造成早稻、中稻和晚稻分别减产约 4.6%、20.1% 和 13.3%，极端洪涝事件会造成早稻、中稻和晚稻分别减产约 25.6%、3.5% 和 5.4%。

关于气候变化对我国小麦产量的影响。首先，一些学者研究得出，气候变化对小麦边际产量呈现负影响。例如，You et al.（2009）根据 1979—2000 年数据得出，作物生长季内每增加 1℃，小麦产量下降 3%～10%。陈帅等（2015）通过剥离经济因素和人类行为的共同影响后发现，夜间气温、白天气温、日照时长和降水总量等气候综合要素对黄淮海平原小麦生产力的总体影响为每十年减产 0.68%。陈帅等（2016）指出，极端高温（超过 40℃）每增加一天，小麦单产平均降低 18～21 公顷。其次，过去及未来气候变化整体对小麦生产具有负作用。例如，You et al.（2009）指出，在过去二十年，气温升高导致小麦减产幅度达到了 4.5%。张明伟等（2011）利用作物模型分析出，气候变化可能导致我国华北地区冬小麦发育速度加快，生长期变短且平均减产 8% 左右。陈帅等（2016）预测出，到 20 世纪末，气候变化将导致中国小麦单产降低 3%～19%。此外，未来气候变化对小麦产量影响的方向和大小会因是否考虑 CO_2 施肥效果和适应性而产生明显差异。例如：在 A2 和 B2 情景下，当考虑 CO_2 施肥效果，小麦产量幅度会分别增加 13.3%～40.3% 和 11%～25.5%；当未考虑 CO_2 施肥效果，小麦产量幅度会分别减少 5.6%～8.9% 和 0.5%～8.4%（Lin et al.，2005）。可以很明显看出，CO_2 施肥效果非常明显，小麦产量的变动有负转为正。

关于气候变化对我国玉米产量的影响。首先，玉米产量易受温度的影响，在面对高温时最为脆弱（Zhang and Huang，2012）。麻吉亮等（2012）通过分析河北样本地区的玉米，发现温度对玉米单产的弹性为 -2.159，其对单产提高的贡献率为 -170.46%。Chen et al.（2017）通过构建生产函数分析得出，温度每升高 1℃，玉米每公顷产量将减少 150.26 千克。Chen et al.（2016）发现温度与玉米产量之间存在"倒 U"型关系，当温度达到 29℃时产量最高，之后随着温度上升产量下降。其次，对玉米影响最大的极端天气事件是干旱（韩长赋，2012；蒋竞，2014）。曹阳等（2014）根据作物模拟模型研究指出，20 世纪 60 年代和 90 年代我国因旱灾导致的夏玉米潜在损失量呈上升趋势。同时，在过去 50 年内（1961—2010 年），不同区域受旱程度有所变化，华北地区夏玉米受旱程度有所减轻，而东北地区夏玉米受旱则呈增大趋势。因此，玉米对降水也非常敏感，产量会随降水的增加而提高，减少而降低（Chen et al.，2017；麻吉亮等，2012）。再次，CO_2 施肥效果和适应可以有效减缓玉米产量的下降程度，甚至可以促进玉米产量的增加。例如，考虑 CO_2 施肥效果后，全球气温每增加 1℃，灌溉区玉米的产量下降幅度从 1.4%～10.9% 缩减到 1.6%～7.8%（Tao and Zhang，2011）。考虑到适应后，在 A2 情景下，2020 年的玉米产量增加幅度从 2% 增加至 6%，2050 年的玉米产量增加幅度从 9% 增加到 13%（Ye et al.，2013）。最后，在不同温室气体排放方案或气候模拟情景下，学者预测得出的玉米生产状况都有所不同。熊伟和杨婕（2008）指出，A2 气候变化情景对我国玉米产量的负面影响要大于 B2 情景。而 Ye et al.（2013）预测出 A2 情景下的玉米增加幅度要高于 B2 情景下的结果。

表 2-2　气候变化对中国三大主粮影响研究

作物种类与研究时间	研究方法	研究结果	作者/年份
1. 水稻			
正向影响			
1980—2008 年	作物模型	在考虑二氧化碳施肥效果下，水稻产量增加 3%	Lobell and Roberts (2011)
	农业生态区法	水稻产量每年增长约 1.8%；气候要素对产量增长的贡献率为 4.4%	Yu et al.（2012）
1980—2012 年	一阶差分模型	温度、降水、光照使中国南方地区早稻和晚稻产量分别增加了 0.51% 和 2.83%；然而，气候变化占早晚稻产量变动的 40.04% 和 29.72%	Liu et al.（2016）
负向影响			
1981—2009 年	作物模型	根据水稻生产实验和气候数据，模拟分析显示，不考虑调整品种，全球气候变暖导致水稻生长期缩短和单产降低	Liu et al.（2012）
20 世纪末	生产函数模型	气候变化将导致中国水稻单产降低 2%～16%	陈帅（2016）
2010—2012 年	生产函数模型	极端干旱事件会使得早稻、中稻和晚稻分别减产约 4.6%、20.1% 和 13.3%，极端洪涝事件会使得早稻、中稻和晚稻分别减产约 25.6%、3.5% 和 5.4%	汪阳洁（2014）
1981—2009 年	作物模型	当极端高温增加时，不同品种的水稻产量将下降 0.14%～0.34%	Zhang et al.（2016）

（续）

作物种类与 研究时间	研究方法	研究结果	作者/年份
2. 小麦			
正向影响			
2020—2090 年	作物模型及 大气环流模型	当考虑 CO_2 施肥效果，而未考虑适应性时，在 A2 和 B2 情景下，小麦产量会分别增加 13.3%～40.3%，11%～25.5%	Lin et al.（2005）
20 世纪中叶	作物模型及 大气环流模型	同时考虑 CO_2 施肥效果和适应性时，在 A2 和 B2 情景下，小麦产量会分别增加 13% 和 9%	Ye et al.（2012）
负向影响			
2020—2090 年	作物模型及 大气环流模型	当不考虑 CO_2 施肥效果和适应性时，在 A2 和 B2 情景下，小麦产量会分别下降 5.6%～8.9%，0.5%～8.4%	Lin et al.（2005）
1979—2000 年	生产函数模型	小麦生长季内，温度每升高 1℃，小麦产量下降 3%～10%；过去二十年，气温升高导致小麦减产幅度达到 4.5%	You et al.（2009）
2010—2099 年	作物模型	气候变化可能导致我国华北地区冬小麦发育速度加快，生长期变短，平均减产 8% 左右	张明伟等（2011）
2000—2009 年	生产函数模型	在剥离了经济因素和人类行为的共同影响后，夜间气温、白天气温、日照时长和降水总量等气候综合要素对黄淮海平原小麦生产力的总体影响为每十年减产 0.68%	陈帅等（2015）
20 世纪末	生产函数模型、气候变化方案	极端高温（超过 40℃）每增加一天，小麦单产平均降低 18～22 公顷。根据六种未来气候变化方案，到 20 世纪末，气候变化将导致中国小麦单产降低 3%～19%	陈帅等（2016）
3. 玉米			
正向影响			
2020 年； 2050 年	作物模型、大气环流模型	在 CO_2 施肥效果下，当考虑适应时，玉米产量在 2020 年和 2050 年分别增加 6% 和 13%（A2 情景），11% 和 9%（B2 情景）；当未考虑适应时，玉米产量在 2020 年和 2050 年分别增加 2% 和 9%（A2 情景），4% 和 4%（B2 情景）	Ye et al.（2012）

（续）

作物种类与研究时间	研究方法	研究结果	作者/年份
负向影响			
2011—2100 年	作物模型及大气环流模型	与现有玉米生产状况相比，气候变化将导致我国玉米主产区的玉米单产普遍降低，总产下降。另外，A2 气候变化情景对我国玉米产量的负面影响要大于 B2 情景下的结果	熊伟、杨婕（2008）
1961—1990 年	CEREs 作物模型	当不考虑 CO_2 施肥效果的影响，全球平均温度每升高 1℃，我国灌溉区玉米产量下降 1.4%～10.9%，雨养区玉米产量下降 1.0%～22.2%；当考虑 CO_2 施肥效果的影响，每增加 1℃，灌溉区玉米产量下降 1.6%～7.8%，雨养区玉米产量变动幅度为－10.8%～0.7%	Tao and Zhang（2011）
1980—2008 年	一阶差分模型、作物模型	相比与水稻和小麦，玉米对温度的变化最为敏感，玉米面对较高温度最为脆弱	Zhang and Huang（2012）
2003—2010 年	多水平模型	气候因素对河北样本地区玉米的单产影响敏感，温度和降水对单产的弹性分别为－2.159 和 0.019；在气候因素的贡献率中，降雨对玉米单产提高的贡献率为 223.57%，温度的贡献率为－170.46%	麻吉亮等（2012）
2000—2009 年	空间面板误差模型	作物生长期积温、降水和日照与玉米产量之间存在"倒 U"型的非线性关系；过去十年，气候变暖导致中国玉米净损失达到 5.95 亿美元；预计 2100 年玉米产量下降 3%～12%	Chen et al.（2016）
2004—2010 年；2050 年	多水平模型、大气环流模型	温度每升高 1℃或降水每减少 1 毫米，玉米每公顷产量将分别减少 150.26 公斤或 1.94 公斤。20 世纪 50 年代，玉米平均产量最大损失 10%	Chen et al.（2017）
1961—2010 年	CEREs 作物模拟模型	我国夏玉米的潜在产量损失量总体上呈下降趋势，华北地区夏玉米受旱程度有所减轻，而东北地区夏玉米受旱则呈增加趋势	曹阳等（2014）

2.1.2 气候变化对种植制度、作物布局的影响

随着长期气候变化的趋势，我国农作物的种植制度和生产布局也会发生显著变化（王馥堂，2002；李祎君、王春乙，2010）。具体表现如下。

第一，从整体来看，我国一年一熟区域面积处于减少趋势，二熟制和三熟制区域面积有不同程度的增加。例如，杨晓光等（2010）研究表明，随着温度的升高，1981—2007 年，中国一年两熟制，一年三熟制的种植北界都较1950—1980 年有不同程度北移。付雨晴等（2014）指出，1986—2009 年，我国一年一熟区耕地面积相比 1961—1985 年有所减少，一年两熟和一年三熟地区面积均呈增加态势。张厚瑄（2000）根据大气环流模型预测得出，到 2050年，我国温度将上升 1.4℃，降水也会增加 4.2%。在作物品种和生成水平不变的前提下，一熟制的种植面积比例会由目前的 62.3% 下降到 39.2%，而二熟制和三熟制的种植面积比例分别由现在的 24.2% 和 13.5% 提高到 24.9% 和35.9%。一年二熟制的种植北界将向北移动到当前一熟制地区的中部，一年三熟制的种植北界将由长江流域北移到黄河流域。邓可洪等（2006）也认为，在中高纬度和高原区（一熟制区域）发展多熟种植制度是可能的。

第二，从具体农作物来看，小麦、水稻等作物的种植区域也有不同程度的改变。金之庆等（2002）通过构造模型分析了气候变暖对作物布局和品种布局的阶段性影响，并考察了研究区域内冬小麦安全种植北界可能出现的地理位移。云雅如等（2005）研究指出，在过去二十年，黑龙江省水稻的播种范围向北和向东扩展，同时水稻的种植面积比重也呈显著增加趋势；小麦种植范围大幅向北退缩。这些粮食作物种植结构的变化与气候变暖带来的积温增加与积温带北移东扩密切相关。杨晓光等（2010）指出，1980—2007 年，相比于1950—1980 年，我国北方冬小麦的种植北界不同程度北移西扩，气候变暖也使双季稻的种植北界不同程度北移。另外，李虎等（2012）指出，我国农业适应气候变化在技术上与发达国家相比仍有较大差距，迫切需要从种植制度、作物布局、品种选育和农业基础设施等方面加强研究。

2.1.3　气候变化对农业生产影响的研究方法

从自然科学研究角度上来看，研究气候变化对农业生产的影响主要是利用大量的实验数据，通过模拟农作物生长或划分农业生态单元，探究气候变化与农作物生长机理之间纯粹的生物物理关系。研究方法主要包括农作物生长模拟模型（crop growth simulation model）和农业生态区法（agro - ecological zonemodel，AEZ）。社会科学领域的研究主要是衡量气候变化对农业产出的经济影响。经济学家倾向于采用不同的影响评估模型和计量经济学方法就气候变化对农业部门的经济影响开展实证和预测研究。由于经济学方法基于人类理性行为，人们应对气候变化的要素投入及采取的措施背后都包含了对价格和收益等的判断和决策，所以经济学方法不仅可以对不同地方气候和天气变化进行分析，同时还考虑了决定农业生产效益的经济因素。在具体研究模型方面，当分析气候变化对农作物单产或利润影响时，常使用生产函数模型和李嘉图模型等局部均衡模型，而如果考虑气候变化对农业更深层次的影响，比如农民的福利和贫穷问题，就会涉及使用一般均衡模型和局部均衡模型（图 2-1）。

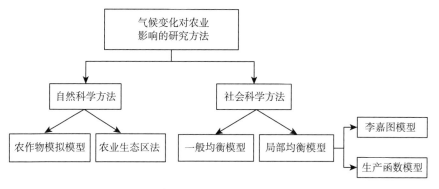

图 2-1　气候变化对农业影响的研究方法

2.1.3.1　农作物生长模拟模型

农作物生长模拟模型是一种被广泛使用在评估气候变化对农业影响的方法。该模型通过精确控制农作物生长所需的气温、降水、光照、土壤和肥料等一系列环境资源要素，考察不同气候变化情景（场景）对农作物生长、发育和产量的影响，揭示了农作物产出和投入之间的关系（Ewert et al.，2015；Ju et al.，2013；Lobell and Costa‐Roberts，2011；Mainuddin et al.，2011；Tao and Zhang，2011）。虽然该模型可以利用实验数据严格控制农作物所需的各个生长要素，然而，即使考虑参数值的不确定性，模型的预测也可能不同（Iizumi et al.，2009；Lobell and Burke，2010；Tao et al.，2009）。此外，该模型并没有将社会经济因素考虑在内，因而对社会经济影响的解释力有限（Lobell and Costa‐Roberts，2011；Mendelsohn et al.，1994；Schlenker et al.，2006）。而且，模型也假定农户不会采取应对气候变化的适应性行为——假定农户是"麻木的"（Dumb farmer），所以往往会过高估计气候变化的负面影响。

2.1.3.2　农业生态区法

农业生态区法主要依据农作物生长期时间、管理条件、投入水平，以及气

候要素划分相对一致的生态单元，以评价一定农业生态条件下的土地生产潜力
（FAO，1978；Yu et al.，2012）。生态单元的划分不仅被用来分析气候变化
对农业的影响，还用来量化气候变化的适应成本（Fischer et al.，2005；Seo
et al.，2009；Tubiello et al.，2007）。然而，由于很难考察到农户的耕地决
策（例如种植多样化和风险管理），AEZ方法也很难测量应对气候变化的适应
性行为（Seo，2014）。

2.1.3.3　一般均衡模型

　　一般均衡模型是用来研究气候变化对粮食生产消费、经济增长及国民净收
入等的综合影响。其研究的内容主要有以下几个方面：一是从宏观角度分析平
均温度对国家综合经济的影响。一些学者研究得出，越高的温度会显著降低贫
困国家的产出水平和经济增长率，其影响范围很广，不仅影响农业产出、工业
产出，还影响国民收入和政治稳定（Dell et al.，2009；Sachs and Warner，
1997）。然而，一些学者否认这一结论，并认为这是由于温度与国家的制度质
量等特征的虚假关系造成的（Rodrik et al.，2004）。二是量化各种气候影响
并分析其对经济增长、国民净收入的综合影响。一些学者将气候变化影响粮食
产量的研究结果作为模型的政策模拟方案，通过构建不同的政策和气候情景的
组合，模拟经济运行情况（Madau，2009；Ye et al.，2013；黄德林等，
2016）。

2.1.3.4　局部均衡模型——李嘉图模型

　　李嘉图模型（ricardian model）是通过利用横截面数据，以土地价值指标
（土地利润或土地收益）为目标函数，来分析农户适应行为下的气候变化效应。
这一估计方法首先是被 Mendelsohn et al.（1994）提出并用来测量美国各县的
土地价值，然后被广泛应用到各个国家和地区。之后，一些学者以李嘉图模型
为基础，研究了气候变化对中国农业的影响。Liu et al.（2004）利用 1 275 个
农业主产县的县级横截面数据分析了未来气候变化对农业纯收入的影响，结果
表明，气温升高和降水增多的气候变化场景对我国农业整体上有正面影响。
Wang et al.（2009b）根据 28 个省 8 405 个农户的调查数据进行分析，将农户
种植作物分为旱作和雨养两类，结果表明，全球变暖有损于雨养作物却有利于
灌溉作物。从整体来看，气候变化对我国农业净收入会造成损失，但损失不
大。Chen et al.（2013）使用 31 个省的 13 379 个农户截面数据进行分析，结
果表明，年均气温的提高会显著促进农作物纯收入的增加，而降水的增多反而
会使纯收入减少。从整体来看，气候变化对我国农业产生潜在优势。总而言

之，李嘉图模型的最大优点在于整个度量方法考虑了面对气候变化时农民的适应性行为。然而它也存在自身的局限性：一是模型假定降水可以满足农作物用水供给量，没有将灌溉列入模型（Schlenker et al.，2005，2007；Wang et al.，2009）；二是假定农作物产品和要素价格不变（Ashenfelter and Storchmann，2010；Deschênes and Greenstone，2007；Kelly et al.，2005）；三是假定关于对气候变化所做出的调整是无成本的；四是假定气候变量与不可观测因素不相关，遗漏变量可能导致内生性（Schlenker and Roberts，2009）。这些假设都可能导致结果有偏差（杜文献，2011；汪阳洁等，2015）。

2.1.3.5 局部均衡模型——生产函数模型

生产函数模型（production function model）主要利用空间面板数据，用农作物（也称作物）单产作为主要目标函数来分析气候变化的影响。单产由于能够直接反映当年作物生长的结果，相比于土地价值指标，更加适合于测度气候变化对农业影响的结果。近年来，利用生产函数模型分析气候变化对我国农作物单产影响的实证研究也越来越多。例如，You et al.（2009）根据我国22个小麦生产省的省级面板数据，考察了1979—2000年气候变化对中国小麦生产力的影响。结果表明，平均气温升高显著抑制了中国小麦产量的增加。Holst et al.（2013）根据1985—2009年省际面板数据，利用Just and Pope模型分析了气候变化（温度、降水）对中国（南方、北方）粮食产量的影响，并预测气温每升高1℃，会导致北方和南方粮食产量分别下降460万吨和280万吨；降水每增加100mm，会导致北方粮食产量增加795万吨，南方产量下降122亿吨。同样是利用省际面板数据，Wei et al.（2014）将1980—2008年分为两个时间段，强调了不变弹性假设的限制性及可变弹性的重要性。同时指出了气候变量和粮食产量之间存在非线性关系。黄维等（2010）利用1988—2005年的全国县级面板数据，通过随机效应模型得出气温升高、降水量增加对我国县域粮食增产整体上具有促进作用，然而，气温降水量的变动在不同区域和季节内对粮食产量的影响呈现显著性差异。崔静等（2011）根据气候和种植制度，将我国主要分为华中，西北，东北，华南四个区域，利用1975—2008年县级面板数据，通过固定效应模型分析各区域的气温、降水和日照时数对粮食单产的影响，结果表明，生长期内气温升高对粮食作物单产的影响呈现"倒U"型影响；降水量和日照在不同粮食作物上表现出差异性。Chen et al.（2014）和陈帅（2015）同样基于中国县级面板数据，分别考察了气候变化对水稻和小麦产量的影响。结果表明，尽管气候变化对水稻和小麦生产的影响依据农作物生长阶段不同而有所不同，但总体上看，已经观测到的气候变化确实导致了中国的水稻和小麦减产。此外，Schlenker and Roberts（2009）将区间积温变量引入到模型中，间接地建立起气温水平与农作物最终单产之间的映射关系。陈帅等（2016）和 Chen et al.（2016）利用有效积温或区间积温等积温概念，分析得出气温与各个粮食单产间均存在"先增后减"的非线性关系，并预测在其他条件不变的情况下，未来气候变化会导致我国四大主粮出现不同程度的减产。上述研究都是利用省级或县级宏观数据，分析气候变化对我国粮食产量的影响，很少考虑到农户及地块个体差异的影响。只有麻吉亮等（2012）和 Chen et al.（2017）利用农户的微观数据，将农户个体的要素投入行为及农户家庭社会经济因素加入到模型中，利用多层（多水平）模型，评估了气候变化因素（平均温度和降水）及农户个体因素对粮食生产的整体影响。

2.2　气候变化适应性研究框架

适应是生态、社会或经济系统对实际或预期的气候刺激及其效应或影响作出的调整。当涉及气候变化的适应性时，其广义概念为，调整自然或人类系统以应对已经发生的或未来的气候条件及所带来的影响，通过对实践、过程或结构进行调整或改变，以缓和气候变化带来的潜在危害或从气候变化带来的机遇中收益（Carter and Kenkyū，1994；Feenstra et al.，1998；Smit et al.，2000；Smit and Pilifosova，2003；Watson et al.，1996）。从社会学或经济学角度来看，适应性更多的是强调人类系统中个人和集体行为的调整（Denevan，1983；Hardesty，1986）。例如，Burton（1992）认为，适应性是指人们减少气候变化对他们的健康和福利带来不利影响的过程。Smit（1994）将气候变化的适应性定义为调整社会经济活动，以加强这些活动的可行性和减少应对气候变化的脆弱性，其中气候变化包括极端天气事件和长期气候变化。Smith et al.（1996）提出，适应性应该包括对人类行为或经济结构的调整，以减少其在气候变化中的社会脆弱性。

关于气候变化适应性的分析框架应该包括五个方面（Smit et al.，1999），如图 2-2 所示。

第一，适应对象。即适应什么？适应气候变化可以根据时间分类为适应长期气候变化（主要指 30 年以上的平均或其他形式的气候变化），适应年际间天气变化（主要强调年际间的天气变异）和适应极端天气事件（如旱灾、涝灾、风暴、温热带气旋等）。

第二，适应主体。即谁去适应？适应主体主要涉及社会、经济、政治系统，其主要包括人类或社会经济部门。针对不同主体，其适应内容和边界也有所不同。例如农户的适应性行为包括更改种植结构，更改作物品种等；地区或国家的适应性行为包括对农户进行物质资金补偿，提供政策引导等；全球的适应性行为可以包括国际食品贸易模式的转变等。

第三，适应过程。即适应如何发生？适应过程是指人们或社会经济部门在气候变化影响下，采用适应性措施（适应措施）的决策过程。

第四，适应对策。即适应主体采取适应性行为的表现形式是什么？适应对策或适应措施可以根据不同的表现形式进行分类。从采用动机角度，可以分为自发适应和计划适应，自然适应和政策适应，被动适应和主动适应等；按采用时间不同，分为预期性适应和反应性适应；按照采用时效，分为短期适应或长期适应，瞬间适应和累积适应；按照采用的范围分为普遍适应和局部适应。

第五，适应效果。即采取适应性措施的效果如何？最后，评估适应性措施效果，可以基于成本、收益、效率等方面，对比采用适应性措施与未采用适应性措施的结果。

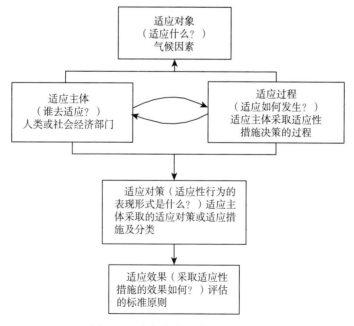

图 2-2 气候变化适应性研究框架

2.3　农户适应气候变化行为

本书认同农户作为"理性人"的观点，并在这一假说前提下分析农户在应对气候变化时的适应性行为。在农业生产过程中，农户需要面临市场和自然带来的双重风险。当面临气候的不确定性时，农户的行为决策需要依据期望效用最大化原则。冯·诺依曼和摩根斯坦在其著作《博弈论与经济行为》中，建立了研究在不确定性情况下个人经济行为的数学模型，并提出以期望效用最大化原则判断个人行为决策（尼克尔森）。当假设农户是期望效用最大化追求者时，气候变化对农户农业生产的影响过程就是：面临气候变化风险，首先，只有当农户预期气候变化会对农业生产造成负面影响时，农户才会有采取适应性行为的可能性。其次，造成一定负面影响，农户为采取适应性行为而进行投资，只是有当农户预期投资带来的效用大于不投资带来的预期效用时，即只有当农户采取适应性措施可以弥补气候变化带来的损失时，农户才会选择对适应性措施进行投资。

本书借鉴气候变化适应性概念与分析框架、不确定性条件下农户行为决策理论，将农户适应气候变化行为定义为：农户在适应能力、外部资源等条件约束下，调整自身行为以应对已经发生的或未来的气候变化风险，这种调整行为是通过对实践、过程或结构进行调整或改变，以缓和气候变化带来的潜在危害并实现家庭收益最大化。根据农户适应气候变化行为的定义，本书主要从三个方面梳理已有文献及研究成果，并进行比较分析：一是农户采取适应气候变化的措施分类（适应性措施分类），二是农户采取适应性措施影响因素（农产适应性行为影响因素），三是适应性措施采用效果。

2.3.1　适应性措施分类

不少研究对目前国际上广泛采用的和潜在的应对气候变化措施进行了探讨。已有大量的适应性策略和措施被认为可以用来减少因气候变化导致的农业系统的脆弱性风险（Smit and Skinner，2002）。适应性措施可以根据不同的概念、属性和表现形式进行分类。从采用动机角度，其可以分为自发适应措施和计划适应措施，自然适应措施和政策适应措施，被动适应措施和主动适应措施等；按采用时间不同，分为预期性适应措施和反应性适应措施，事前适应措施和事后适应措施；按照采用时效，分为短期适应措施或长期适应措施，瞬间适应措施和累积适应措施；按照采用的范围，分为普遍适应措施和局部适应措施

（Smit et al.，1999）。

IPCC（2007），Smit and Skinner（2002）将农业适应气候变化措施进行分类（表2-3），即适应性措施整体可以划分为四个类型，包括适应技术发展、政府适应策略（项目和保险）、农户的生产实践和农户的金融管理。其中，适应技术发展包括发展作物品种，建立天气和气候信息系统和资源管理创新等三类措施；政府适应策略包括提供农业补贴和扶持项目，发展农业私人保险、建立资源管理项目，提供生产技术培训以加强农户适应能力等四类措施；农户的生产实践，包括调整品种及生产要素投入量等农业生产调整、调整土地利用方式、农田水利设施投入等工程类适应措施、引入灌溉节水技术和调整农业生产时间等五类措施；农户的金融管理，包括作物金融、投资农作物股票和期货、参加收入稳定项目，以及转向非农就业等四类措施。

表2-3　农业适应气候变化措施类型

适应类型	适应措施	具体措施表现
适应技术发展	发展作物品种，建立天气和气候信息系统，资源管理创新	发展抗旱抗涝等适应气候变化的新作物品种类型； 建立气候预警信息系统； 在社区层面进行水资源开发与管理，如修建或更新排灌系统，开发水分流和海水脱盐技术；在农户层面修建水利排灌基础设施、开发补水区、发展合成水系等
政府适应策略（项目和保险）	农业补贴和扶持项目，农业私人保险，建立资源管理项目，加强农户适应能力	调整政府补贴、扶持和激励项目； 发展农业私人保险； 发展土地利用规划、最优土地管理实践； 提供生产技术和管理培训
农户的生产实践	农户生产调整，调整土地利用方式，农田水利设施投入，引入灌溉节水技术，调整农业生产时间	多样化作物品种和类型、多样化牲畜品种和类型、调整生产要素投入； 轮作、休耕、调整作物种植结构； 调整梯田和土地轮廓建设、建设分水渠和小水库等； 引入中心轴旋转灌溉技术，休眠期灌溉、喷灌和滴灌技术，自流灌溉技术； 调整播种和收获时间、调整施肥和灌溉时间
农户的金融管理	作物金融，投资农作物股票和期货，参加收入稳定项目，转向非农就业	购买作物保险； 投资作物股票和期货； 参加收入稳定项目； 家庭收入来源的多样化

上述总结着眼于整个农业不同适应措施类型的划分。一些学者也从农户方

面对适应气候变化措施进行了研究。例如，Habiba et al.（2012），Wang et al.（2014a）和陈煌等（2012）总结出，农户在应对气候变化时，主要采用（采取）四类适应性措施，其中包括：调整作物种植制度、选取新的作物品种、采取节水灌溉技术和增加工程类基础设施投资。Varela-Ortega et al.（2016）利用 AHP 方法，评估不同的适应性措施实施效果，从好到坏依次为：选择作物新品种、采用先进灌溉技术、建立农业保险体系、增加工程类基础设施投资。由于气候变化，地表水资源缺乏，中国北方农民开始侧重开发和使用地下水资源。从 20 世纪 70 年代到 2004 年，地下水灌溉面积占总灌溉比例，从不到 30% 提高到近 70%；农民投资个体机井占机井总量比例，从不到 10% 提高到 80%（Wang et al.，2007）。Ju et al.（2008）则发现，在旱地地区，农民更愿意投资雨水收集设施，如水库、水池等。冯晓龙等（2016）、冯晓龙（2017）指出，苹果种植户开始使用熏烟、喷打防冻剂、覆膜等新型的气候变化适应性措施，但采用的积极性不高。此外，农户还会采用包括人工种草、调整灌溉强度和调整生产要素投入在内的其他适应措施。

IPCC（2001），Gbetibouo（2009）和汪阳洁（2014）以适应措施采用形式为依据，将适应性措施采用行为分为工程类适应措施（如农田和水利基础设施建设工程）和非工程类适应措施，其中，工程类适应措施是以农田水利设施为主的建筑型措施，以实现预防气候变化风险及减少生产损失为目的。这类措施具有投资成本高、合作要求高、实施较为困难等特点，具体措施包括新建或维修水库、水池、水窖，打井，修建排灌水沟渠或排灌站，购买或更新水泵，提供土地防护等。非工程类适应措施是指农户通过改变生产方式，加入生产技术手段及经济手段以减少风险损失的措施。这类措施相比工程类适应措施，具有成本较低、实施较方便和容易等特点，具体包括调整作物种植结构，延长或提前作物播种日期，调整作物品种，采用节水技术，调整生产要素投入，调整排水灌溉强度，等等（表 2-4）。

表 2-4 农户采用适应气候变化措施分类

措施类型	措施具体表现
工程类适应措施	新建或维修水库、水池、水窖；打井；修建排灌水沟渠或排灌站；购买或更新水泵；提供土地防护
非工程类适应措施	调整作物种植结构；作物多样化种植；调整播种或收获时间；转移生产地点；调整耕地面积；从农业生产向非农就业转移；调整排水灌溉强度；调整生产要素投入；购买农业保险；采用节水技术

2.3.2 农户适应性行为影响因素

在影响农户适应措施采用的决定因素分析方面，研究表明，长期气候变化和极端天气事件的发生，国家政策和制度导向，地区社会经济特征，农民对气候变化的认知水平，农户家庭和个体的社会经济特征，以及地块属性等都会显著影响农户采用适应性措施。

2.3.2.1 长期气候变化和极端天气事件

许多研究已经表明，长期气候变化会对农户适应性行为产生影响。例如，冯晓龙等（2017）研究得出，气温和降水量的变化是影响苹果种植农户适应性行为决策选择的主要因素，而且气温会显著影响农户适应性行为的采用强度。Deressa et al.（2009）研究发现，当温度上升降水减少时，农民愿意采取更多的适应措施。Seo et al.（2008）预测得出，在未来不同天气模拟场景下，非洲农民会采取不同的适应性措施。Arslan et al.（2014）研究得出，气候变化与保护性农业之间存在正向关系。Asfaw et al.（2016）和 Di Falco et al.（2011）实证研究得出，当农作物生长季节内最高温度和降水波动差异增加，会促使农户采取降低风险的措施。雨季的推迟会显著减少农作物产值，因此，相比于未采取适应性行为的农户，采取适应措施的农户在应对雨季的气候变化时更富有灵活性。然而，Bryan et al.（2009）研究表明，相比于平均温度和降水量条件下的长期气候变化，农户的适应性行为更依赖短期气候变化和极端天气事件。这一结论得到了很多学者的印证。他们研究发现，农户会采取各种措施以适应极端天气事件（Chen et al.，2014；Habiba et al.，2012；Huang et al.，2015；刘辉、陈思羽，2012；王金霞、张丽娟，2014；吴春雅、刘菲菲，2015；张紫云等，2014）。例如，朱红根等（2010）研究得出，易洪易涝面积比重的增加会对农户参与农田水利建设起到显著的正向作用。刘辉、陈思羽（2012）同样认为，自然灾害对农业生产的影响越大，农田水利建设对农业生产的重要程度越高，农户越愿意参与农田水利建设。Huang et al.（2015）研究发现，自然灾害会对水稻产量产生显著的负面影响，因此，旱灾和涝灾的发生会促进农民改进农田管理。张紫云等（2014）认为，冻灾发生下农户采取适应性措施与否受到政策环境、农户特征、村庄特征及气候变量等因素的制约。

2.3.2.2 政府的政策支持与制度安排

第一，政府提供气候信息是农户采取适应性措施的重要影响因素，一些学者研究得出，农户获取灾害预警防治信息后更愿意积极采取适应性措施，而缺乏气候信息的农户不会采取任何适应性行为（Chen et al.，2014；Huang et al.，2015；Song et al.，2018a；吴春雅、刘菲菲，2015）。因此，许多研究人员认为，必须解决当地缺乏气候预测的问题，加强提供公共气候信息能力（Comoé and Siegrist，2015；Di Falco et al.，2011；Tambo and Abdoulaye，2012）。在美国，农作物生产顾问作为气候信息的提供人，在支持美国农民适应气候变化上扮演重要角色，当认识到长期气候对农耕的威胁时，他们更容易为农场主提供准确的气候信息（Lemos et al.，2014）。第二，政府提供应对灾害的技术、物质或资金政策也会显著促进农户采取应对气候变化的适应性决策（Asfaw et al.，2016；Bryan et al.，2009；Deressa et al.，2009；Gbetibouo et al.，2010；Song et al.，2018；Tambo and Abdoulaye，2012）。

2.3.2.3　地区社会经济特征、排灌条件及供水可靠性

第一，在地区社会经济特征方面，Gbetibouo et al.（2010）和 Hassan（2010）研究发现，地区经济潜能和基础性建设对农户采取适应性措施成功与否起着突出作用。第二，在社区排灌基础设施方面，Song et al.（2018a），Wang et al.（2014b）和吴春雅、刘菲菲（2015）研究发现，村级水利基础设施越完善，农户采取工程措施以应对长期气候变化和自然灾害的概率就越小，即社区灌溉基础设施的拥有量和农户是否采取工程类适应措施之间是替代关系。Thomas et al.（2007）和 Habiba et al.（2012）分别对非洲和南亚孟加拉国进行研究，结果显示，在有灌溉条件的村中，农户更容易采取措施应对干旱，并且会直接放弃灌溉条件太差的土地。第三，在供水可靠性方面，Chen et al.（2014）研究发现，提高地下水供应的可靠性可以显著提高农民采取适应干旱措施的能力。因此，村级地下水或地表水的供应可靠性高，可以促使农民灌溉土地以应对气候变化。

2.3.2.4　农民对气候变化的风险偏好与认知水平

许多研究指出，农户的风险偏好可以激励农户采取气候变化适应性决策（Frank et al.，2011；Patt and Schroter，2008；Tam and McDaniels，2013）。Tam and McDaniels（2013）在研究生物多样性保护中气候变化适应的个人风险感知和偏好时得出，对适应性策略的偏好与农户的风险感知之间呈显著的负相关关系，即农户对风险感知越强，采取的适应性策略越保守。Jin et al.（2015）利用多价格列表实验法测算农户的风险偏好，得出农户的风险规避程度对采用改变作物品种和新技术呈现显著的负面影响，然而对购买气象指数保险呈显著的正相关。

农民对气候变化的认知水平与其适应性行为选择密切相关。Grothmann and Patt（2005）、赵雪雁（2014）通过构造农户的气候变化认知与适应行为的关系分析框架，研究指出气候变化感知是影响农户作出适应性决策的关键因素。Comoé and Siegrist（2015）通过主成分分析法和二元 Logit 模型研究表明，农民对当地的气候条件和环境变化具有强烈的认知。当气候变化对农业产生负面影响时，农户就会采用适应性决策。吕亚荣、陈淑芬（2010）利用二元 Logit 模型研究得出，农户对气候变化的认知会显著促进其采取应对气候变化的适应性行为。与上述研究结论一致，Truelove et al.（2015）研究发现，农户对适应性措施有效性认知、干旱风险感知是影响其采用气候变化适应性行为的关键因素。朱红根、周曙东（2011），谭灵芝、马长发（2014）和 Maddison（2007）通过构建 Heckman 选择模型，首先分析农户气候变化感知的影响因素，在此基础上，再分析农户为应对气候变化采取适应性措施的影响因素。即，农户的适应性行为存在两个过程，首先是农户对气候变化的认知，其次是农户采取适应性行为应对气候变化。此外，一些学者认为农户采用气候变化适应性行为是一种复杂的心理决策过程。例如，Bohensky et al.，（2013）认为，个体适应要经过 3 个相互关联的阶段，即观察、感知和行动阶段，且前一阶段是后一阶段的基础。Dang et al.（2014）强调了农户采用适应性行为是一种心理决策过程，并认为农户风险认知、有效性认知以及主观规范等因素影响其采用适应性行为。

2.3.2.5 农户的社会经济特征

农户的社会经济特征会显著影响农户的适应性行为。第一，农户拥有的家庭财富对其采取适应性措施产生显著的正向影响。无论是家庭耐用品价值（陈煌，2012；Wang et al.，2014b），还是家庭年均收入（Sahu and Mishra，2013；刘华民等，2013），都会显著促进农户采用适应性措施。这表明越富有的农户越有可能采取措施适应气候变化，并且比贫困的农户越有能力应对和减少气候变化对农作物带来的风险和损失（Bryan et al.，2009；Comoé and Siegrist，2015；Downing et al.，2005；Huang et al.，2015；Tizale，2007；Ziervogel et al.，2006）。第二，在农户农业收入占比方面，Wozniak（1984）和 Abdulai and Huffman（2014）认为，农业收入占总收入的比例越高，农户越愿意采取适应性措施。农业收入占比高意味着农户会更多地关注农作物生产，他们宁愿采取措施降低气候变化带来的风险来确保农作物产量。如果农业收入的比例较低，则意味着农民会通过从事非农业活动赚取大部分家庭收入，可能会导致向农业分配的劳动力减少，对适应性措施采用产生负面影响。第三，对于兼业家庭来说，国亮、侯军岐（2012）和吴春雅、刘菲菲（2015）认为，以农为主的兼业家庭更愿意采用适应性措施；Sahu and Mishra（2013）研究发现，家庭农业劳动力数量与农户采用行为呈显著负相关。第四，在农户参与培训方面，参加与生产技术有关的培训是农户获得先进生产技术的最佳途径，可以提高农民对气候变化的适应性（Hussain et al.，1994；Mano and Nhemachena，2007）。第五，在农户受教育程度方面，农户的受教育程度是影响农业生产力的最重要因素之一（Schultz，1975）。许多学者研究发现，教育对技术采用产生了积极影响（Asfaw et al.，2016；Huffman，2001；Teklewold et al.，2013）。Alene and Manyong（2007）和 Abdulai and Huffman（2014）认为，教育不仅可以促进农户采用适应性行为，还提高了农户采用适应性措施后的农业生产力。第六，关于农户年龄，Deressa et al.（2009）发现，农户年龄每增加一岁，采取灌溉或种植树木等适应性措施的概率可能增加 0.5% 和 0.06%；吴春雅、刘菲菲（2015）研究表明，在应对洪涝灾害时，年龄对农户采取适应性措施具有显著效果，表明随着年龄增长，生产知识和经验越丰富，农户越愿意采取适应性措施，应对气候变化可能带来农业减产。也就是说，经验丰富的农民在农业技术和管理方面具有高技能，并且通过利用活动之间的互补性，在面对气候变化时更有可能分散风险（Gbetibouo et al.，2010）。第七，关于性别对农户采用行为影响，没有定论，Asfaw and Admassie（2004）和 Deressa et al.（2009）认为，男性户主在面对气候变化或灾害事件时，更愿意采取适应性措施；Nhemachena and Hassan（2007）则认为，女性户主会更加负责；Denton（2004）通过文献和收集数据，研究发现，气候变化适应性和减缓政策通常对性别的影响并不敏感。

2.3.2.6　农户的耕地特征

耕地特征如耕地规模、地块地形、地块产权及土壤类型等因素会显著影响农户适应性行为。第一，耕地面积的大小会影响农户适应性措施的采用。Shoo and Mishra（2013）发现，土地面积和灌溉面积对农户采用适应性措施有显著正影响。Sahu and Mishra（2013）和 Abdulai and Huffman（2014）也得出结论，农场规模对农民采取适应性措施的意愿具有显著的积极影响。然而，Asfaw et al.（2016）认为，土地面积与使用有机肥和现代投入等适应措施之间存在负相关关系。第二，在地块地形方面，陈煌（2012）发现，农户更容易在平原地区采取打井等工程类适应措施以应对干旱。相反，Abdulai and

Huffman（2014）发现，农民更有可能在山地、山坡上采用工程措施，以减缓水流量和减少土壤侵蚀；吴春雅、刘菲菲（2015）也认为农户在面对洪涝时，在山地上采用开沟、修理排水渠等工程类适应措施对排水的效果更明显。第三，通过对农户分组，Habiba et al.（2012）发现，土地自有农户比土地租赁农户更有能力采取新技术应对干旱。第四，土壤特征在适应性决策中起着重要的作用，因为各种土壤的生产力存在显著差异，农户需要决定哪些类型的土壤值得采用投资灌溉和排水方面的措施（Asfaw et al.，2016；Teklewold et al.，2013）。

2.3.3　适应性措施采用效果

为了降低气候变化给农业带来的不利影响及潜在风险，农户会采用一系列适应性措施以应对气候变化。那么适应性措施的采用效果如何？是否会显著影响农业产出风险、农业产出水平、农民的收入或收益？哪种适应性措施的采用效果较好？基于此，本书从适应性措施对农业产出的影响，以及不同适应性措施的采用效果两个维度，对各个文献进行总结归纳。

2.3.3.1　适应性措施对农业产出的影响

第一，农户采用适应性措施对农业产出风险的影响。Di Falco and Chavas（2009）以埃塞俄比亚高原的农户为研究对象，探讨了作物遗传多样性对农业生产力和生产风险的影响，结果发现农户多样化农作物品种能够降低产出风险和下行风险水平。Huang et al.（2015）利用矩估计法评估极端天气事件发生时农户的水稻产出风险与下行风险，并利用内生转换模型分析农户采取农田管理适应性措施的效果及影响因素。结果表明，农户采取适应性措施不仅能够增加水稻单产，而且能够有效降低水稻产出的风险和下行风险。

第二，农户采用适应性措施对农业产出水平的影响。Yesuf et al.（2008）利用 Probit 模型和两阶段最小二乘法分别分析了农户采用适应性措施的影响因素及效果，结果表明适应性措施可以显著增加粮食产量。相似的，Di Falco et al.（2011）利用内生转换模型分析埃塞俄比亚农户应对气候变化采取的适应性决策的效果，结果表明农户采取适应性措施能够增加粮食生产力。杜开阳等（2009）从作物积温角度出发研究了气候变暖和农户的适应，发现适应性措施对粮食的增产贡献颇大。Finger et al.（2011）和 Mainuddin et al.（2011）都认为改善灌溉条件会减少因气候变化而引发的粮食产量波动，增加粮食产量，但采取该措施的预期经济效益很低。同时，Brown and Lall（2006）指出，农业灌溉设施每增加 1%，粮食产量会相应地增加 1.62%。然而，

Marshall et al.（2015）认为，尽管由于气候变化导致的灌溉短缺对旱田生产有不同的影响，但气候变化对产量的直接生物、物理影响与综合因素对国家的生产总体影响关系不大，这也意味着农业生产受综合因素的影响。

第三，农户采用适应性措施对农民收入、收益和利润的影响。Khonje et al.（2015）认为，采用改良的玉米品种可以显著提高粮食安全和农户的农业收入，同时，可以显著降低农户贫困指数。田素妍、陈嘉烨（2014）分析了可持续生计框架下气候变化应对策略与养殖户利润之间的关系，结果表明，生计资本的增多会使得养殖户的适应性能力增强，且养殖户采取应对策略具有滞后性。Foudi and Erdlenbruch（2012）分析了农户为应对干旱而采取的灌溉适应性措施，结果表明，灌溉措施可以增加平均产量、减少农户的利润的波动。冯晓龙等（2016）利用空间 Durbin 模型分析苹果种植农户气候变化适应性行为选择对其收入的影响，发现适应性行为选择及其空间溢出效应对生产性收入具有正向促进作用。

2.3.3.2 不同适应性措施的采用效果

第一，工程类适应性措施的采用效果分析。陈煌等（2012）对中国七省的实证调查研究发现，新建水库、水坝、机井和排灌沟渠等水利设施，从长远上看，能够降低气候变化对粮食产量的负面影响，且大中型水库、水池和水泵的抗旱作用显著高于河流引水渠道。Wang et al.（2014b）研究小麦、玉米、水稻单产，认为采取工程类适应措施的农户拥有的粮食单产显著高于未采取措施的农户。宋春晓等（2014），Song et al.（2018b）通过构建 Translog 前沿生产函数模型，推导出灌溉效率，分析了极端天气事件对农户粮食灌溉用水效率的影响及农户采用工程类适应性措施的效果。实证结果表明，极端天气事件显著影响灌溉效率，且不同工程类适应性措施的灌溉效率差异明显。Song et al.（2018a）通过构建内生转换模型分析得出，中国粮食主产区的种粮农户采用工程类适应措施可以有效应对极端天气事件，提高粮食产量，但增加的粮食产量所获得的种粮收益却被高成本的投入所抵消。也就是说，农户采用工程类适应措施不能有效增加农户的种粮净收益。

第二，非工程类适应措施的采用效果分析。在非工程类适应措施中，大多数学者主要针对农田管理适应措施进行分析。原因在于，在应对气候变化时，农田管理适应措施相比于其他适应措施，具有方便采用且投入成本低的特点，有助于农户在生产中推广使用（Huang et al.，2015；杨宇等，2016）。首先，农田管理适应措施的采用可以减少气候变化对农作物的影响。Mount and Li（1994）认为，当农户采用新的作物品种、提前作物播种时间等农田管理措施后，气候变化对农作物单产的影响会低于没有考虑适应措施的气候变化影响。Kaiser et al.（1995）得出了相似的研究结论，即考虑适应后的气候变化对主要农作物的影响比没有考虑的影响要小。其次，相关作物模型的模拟与实验研究得出，未来气候变化场景下农田管理措施对农作物产量起到显著的促进作用。例如，Babel and Turyatunga（2015）研究认为，提高灌溉用水量和提前玉米种植时间会对玉米产量的增加起显著正向影响。Deb et al.（2016）认为，采用合理的农田管理措施，如提前水稻种植日期并增加化肥施用率有利于提高水稻产量。Lashkari et al.（2012）基于不同的气候和生产情景，采用作物模型模拟分析了延迟玉米播种时间的效果。结果发现，调整播种日期有利于降低气候变化对伊朗北部玉米生产的影响。再次，相关学者基于计量经济学的实证模型也分析得出，农田管理措施可以有效应对气候变化，保证粮食产量，减少气候变化尤其是极端天气事件对农作物造成的损失。例如，杨宇等（2016）通过构建两阶段的计量经济学模型，研究认为农田管理适应措施的采用显著地降低了极端干旱事件引致的小麦生产风险。Shiferaw et al.（2014）以粮食安全为落脚点，分析发现气候变化背景下农户小麦品种改良能够提高家庭粮食安全。Huang et al.（2015）认为，农户采用补种（苗）、扶苗、定苗、洗苗，更改下一季的作物品种，或调整化肥使用量等农田管理措施，可以有效提高水稻单位面积产量，减少产量风险和下行风险。调整排灌强度是另一个重要的农田管理措施，Foudi and Erdlenbruch（2012）在分析法国农户的农业生产时发现，灌溉在应对旱灾风险时起到至关重要的作用，同时发现相比于非灌溉农户，采取灌溉措施的农户的平均农业收益更高，收益风险（方差）更低。Wang et al.（2018），陈煌（2014）和汪阳洁（2014）则侧重于分析加强灌溉强度应对极端天气事件的效果，研究一致认为，加强灌溉强度可以有效抵御旱灾导致的粮食损失，保证粮食产量，降低粮食产出风险。上述这些研究得出的结论是：农户采用调整作物品种、调整播种收获日期、调整生产要素投入及调整排灌强度等农田管理适应性措施，有助于减缓长期气候变化和极端天气事件对农作物生产的负面影响，并提高作物单产。

2.4　研究评述

2.4.1　气候变化对粮食生产的影响

关于气候变化对粮食的影响，从学者的研究内容来看，主要集中在一年生农作物方面，主要包括水稻、小麦、玉米等粮食作物。一些学者分析了气候变量与我国粮食单产之间的关系，主要考察的是边际产量或弹性。一些学者利用实验室指标，通过模拟数据预测未来气候变化对我国粮食的影响。在研究方法方面，大多数学者用纯自然科学的实验方法，分析气候变化和农作物生长机理的关系，主要有农作物生长模拟模型（Ewert et al.，2015；Iizumi et al.，2009；Lobell and Burke，2010；Tao et al.，2009）和农业生态区法（FAO，1978；Seo et al.，2009；Tubiello et al.，2007；Yu et al.，2012），然而，这些研究很难解释气候变化对社会经济的影响，很难估计应对气候变化的适应性行为（Lobell and Costa－Roberts，2011；Mendelsohn et al.，1994；Schlenker et al.，2006；Seo，2014）。经济学家利用李嘉图模型，以土地价值指标为目标函数，研究气候变化对作物生产利润的影响（Mendelsohn et al.，1994；Liu et al.，2004；Wang et al.，2009；Chen et al.，2013）。然而，李嘉图模型被指出假设不足可能导致估计结果有偏（Deschênes and Greenstone，2007；Kelly et al.，2005；Schlenker and Roberts，2009；杜文献，2011；汪阳洁等，2015）。近年来，一些经济学者开始利用生产函数模型分析气候变化对农作物单产的影响（Chen et al.，2014；Chen et al.，2016；Chen et al.，2017；Holst et al.，2013；Wei et al.，2014；You et al.，2009；陈帅，2015；陈帅等，2016；崔静等，2011；黄维等，2010）。

然而，第一，目前几乎没有文献考虑到极端天气事件（自然灾害）对粮食生产的影响，鉴于极端天气事件的频繁发生，有必要将长期气候变化和极端天气事件同时考虑在内，比较分析它们的影响程度和方向。第二，目前国内对于主粮单产的研究主要使用全国省级或县级宏观数据，很少从微观视角考虑社区、农户及地块个体差异对于粮食产量的影响。因此，本书将构造基于多层模型的 C－D－C 生产函数，处理空间异质性，并考虑社会经济因素和农户行为，分析识别气候变化对粮食单产的真实影响。

2.4.2 农户应对气候变化适应性行为

目前，关于农户气候变化适应性的研究文献，主要关注的是农户在农业生产过程中采用的适应性对策、适应性行为选择的影响因素及适应性行为的有效性评估。适应措施可以分为工程类适应措施和非工程类适应措施。学者通过实证分析认为，适应性行为选择的影响因素包括气候、政策、地区经济特征、农户社会经济特征等。适应性行为也被证明可以减少农业生产风险，增加农业产出水平，以及保证农户的农业收入等。这些分析结论大多通过模拟实验方法得出，通过分析未来气候对农作物生产的模拟影响，探讨具体的不同的假设场景下适应性策略或措施的实施效果。

然而，关于中国农户适应气候变化的研究较少，且多是概念性的探讨或定性分析（崔永伟，2012；周曙东、朱红根，2010；朱红根，2010；赵雪雁，2014）。目前大多数文献仅仅分析了农户采用适应气候变化措施的影响因素，缺乏关于应对气候变化风险的决策理论分析和农户适应性行为选择的有效性评估（Bryan et al.，2009；Chen et al.，2014；Deressa et al.，2009；Gbetibouo et al.，2010；Jin et al.，2015；Piya et al.，2013；Seo et al.，2008；Wang et al.，2014；Yegbemey et al.，2013）。另外，目前少数文献开始利用粮食产量、生产风险作为适应性措施有效性的评估和衡量指标（Huang et al.，2015；Wang et al.，2018），但以种粮净收益作为衡量指标去判断农户种粮积极性的文章鲜少。目前的研究文献主要针对农田管理适应措施，分析其采用的决定因素和有效性，对于工程类适应措施及节水技术适应措施和风险管理适应措施等其他非工程类适应措施却很少有人涉及。因此，本书将补充完善期望效用理论和成本收益分析理论，利用内生转换模型分析农户选择适应性行为决策的驱动力，评估农户采用工程类适应措施和非工程类适应措施（节水技术适应措施、农田管理适应措施和风险管理适应措施）对于提高粮食产量、减少粮食产出风险及保障农户粮食净收益的效果。

第3章 理论基础、研究假说与计量模型

本章首先简单介绍农户行为理论、农户模型理论和期望效用理论等相关理论。其次，以上述理论和已有文献为基础，构造本研究所需要的理论分析，包括粮食单产影响、粮食单产空间异质性分析、农户气候变化适应决策和适应性行为有效性，并提出相应的研究假说。再次，详细阐述为印证研究假说和实现研究目标所采用的研究方法，并构造计量模型。最后，详细说明了大规模实地调查数据的抽样方法，描述了农户数据的来源与分布。

3.1 理论基础

3.1.1 农户行为理论

农户是对农民家庭的称呼，是农民生产、生活、交往的基本组织单元。在现阶段，农户不仅是农业生产活动最基本的组织者、实施者和管理者，还是农业资源和农村生态环境的直接管理者。他们的行为体现了当地社会、经济结构与自然资源环境特征（徐翠萍，2010）。学者们关于农户行为方面做了大量研究并形成了不同理论，本书将不同的农户行为理论总结为以下三个方面。

第一，理性小农理论。以舒尔茨（1964）为代表的经济学家在《改造传统农业》一书中，从传统农业的特征入手分析小农行为，并认为小农是以利润最大化为目标的理性"经济人"。随后，波普金（1979）发展了舒尔茨的观点，在《理性的小农》中提出了"农户是理性的个人或家庭福利的最大化者"假说，并认为农户可以合理使用和有效配置可控资源，追求利润最大化。

第二，生存小农理论。恰亚诺夫在代表作《农民经济组织》中提出"家庭农场经济活动的基本动力产生于满足家庭成员消费需求的必要性"。他认为小农的经济行为以生存为目标，而非成本收益间的比较。随后，斯科特提出了著名的"道义经济"命题，认为农户做出行为是基于道德而不是理性，农民在风

险规避和收益之间偏好于规避风险。在不确定的情况下，农户选择安全的生产行为，而不会冒险追求平均收益的最大化。

第三，商品小农理论。黄宗智认为，中国的农村家庭生产是一种"过密化"的生产。"过密化"生产的小农就像是一个虚弱的病人，必须要依靠非农兼业收入作为拐杖才能支撑生活，这就是其著名的"拐杖逻辑"（徐卫涛，2010）。他认为农民的行为同时受市场经济和农户劳动结构的制约，需要从生存者角度和消费者角度去分析农户行为。

3.1.2 农户模型理论

农户模型建立的基础是恰亚诺夫的生存小农理论，它从微观的角度把农户的生产行为和消费行为结合起来，通过构造农户生产函数、消费函数和劳动力供给函数来系统分析各种政策和外界冲击对农户的生产、消费和劳动力供给行为的影响（Singh and Inderjit，1986）。农户模型的主要特征包括：一是认为农户是分析的中心，而不是个人。二是把农户作为一个生产、消费、工作或闲暇决策的统一体。实际上这三种决策能够结合为一个如何分配时间，消费多少和生产多少产品的同时决策的问题（李强和张林秀，2007）。

从农户模型的发展历程看，按照农户效用函数假设的不同，农户模型可划分为两个阶段，一是假设农户家庭成员具有共同效用的单一模型（unitary model）阶段；二是假定农户家庭成员具有效用不同的集体模型（collective model）。其中，单一模型可按照生产决策与消费决策的关联性划分成两类：一是将同一个农户的生产决策与消费决策分离的可分性模型（单一可分性模型），二是同时考虑生产决策与消费决策的不可分性模型。依据博弈论基础，集体模型可分为合作博弈模型和非合作博弈模型。本书根据单一可分性模型，分别对农户生产决策和消费决策进行分析。单一可分性模型的假设前提为：产品与要素市场都是完善的，商品同质，农户是价格的接受者。此时，农户首先以利润最大化为目标作出最优生产决策，然后在收入一定的预算约束下，以效用最大化为目标作出最优消费决策。具体分析如下。

首先，解决生产问题。农户在市场价格、固定要素和技术的约束下，组合产品与生产要素，使得利润最大化：

$$\text{Max } \pi(q, k, l) = p_a q_a - vk - wl$$

$$\text{S. T. }: g(q_a, k, l; z^q) = 0 \qquad (3.1)$$

其中，q_a 为农户生产农产品数量，p_a 为农产品价格，k 为资本投入数量，

v 为资本投入价格；l 为劳动力投入数量，w 为劳动力价格；g（q_a，k，l；z^q）为生产可能性集，z^q 为其他生产要素特征及农户特征。此时，求解农户利润最大化：

$$\pi^* = \pi(p_a, v, w, z^q) \tag{3.2}$$

其次，解决农户追求效用最大化的问题。在生产所获利润的条件下，解决消费和劳动力分配的问题，其效用是农产品、非农产品和闲暇的综合函数。一是作为消费者的农户在市场价格、可支配收入的约束下，根据对消费品的需要，实现效用最大化；二是作为劳动力的农户在市场工资、可用时间和劳动力特征的约束下，根据收入与家庭时间，实现效用最大化：

$$\mathrm{Max}\, U = U(c_a, c_m, c_l)$$
$$\mathrm{S.\,T.}\,: y = g(x, l, v)$$
$$T = c_l + l^s$$
$$c_m\, p_m = p_a(y - c_a) - w(l - l^s) - vx \tag{3.3}$$

其中，$y = g(x, l, v)$ 为农产品生产函数，y 为农产品产量；x 是与生产相关的解释变量；l 为生产总劳动投入，包括自有劳动力和雇佣劳动力；v 是不可预测的随机变量。$T = c_l + l^s$ 为时间约束函数，c_l 为消费的闲暇；l^s 为除闲暇消费外，农户所能提供的劳动力数量。$c_m\, p_m = p_a(y - c_a) - w(l - l^s) - vq_x$ 为收入的预算约束函数，c_m 为农户消费的从市场购买的产品；p_m 为产品价格；y 为生产的农产品数量；c_a 为农户自身消耗的农产品；p_a 为农产品价格；$l - l^s$ 为雇佣的劳动力；w 为劳动力价格；v 为与生产相关的投入要素 x 的价格。

3.1.3　期望效用理论

20 世纪 40 年代，冯·诺依曼和摩根斯坦在著作《博弈论与经济行为》中，建立的期望效用理论开始在经济学的风险决策行为分析中得到广泛应用。期望效用理论假定决策者风险偏好具有可比较性、连续性、概率不等性、传递性、独立性和可分性。

对于决策者而言，针对不同的选择集 x_i 和发生的概率 p_i，期望效用函数可以表示为：

$$U(X) = U(x_1, \cdots, x_n; p_1, \cdots, p_n) = \sum_{i=1}^{n} p_i U(x_i) \tag{3.4}$$

其中，$x_1, \cdots, x_n \in X$，$0 < p_i < 1$ 且 $\sum_{i=1}^{n} p_i = 1$。这说明个体在多个事件

中的决策的总效用取决于各个事件发生的客观概率与结果的效用水平。由此可见，期望效用理论是以期望效用最大化为个人目标，在不确定条件下根据个人内外部约束条件进行决策选择。

考虑马歇尔直接效用函数，横轴 x 表示财富或收入，纵轴 $U(x)$ 表示效用，那么，按照风险偏好的不同，决策者可以分为风险厌恶者、风险爱好者和风险中立者。

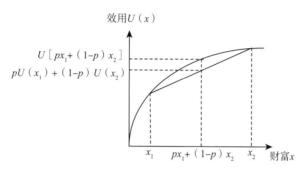

图 3-1 风险厌恶者的效用函数

如图 3-1 所示，当决策者是风险厌恶者时，决策者的效用函数为凹函数。此时 $U[px_1 + (1-p)x_2] > pU(x_1) + (1-p)U(x_2)$，即决策者当前的财富效用大于他面临风险时的期望效用。

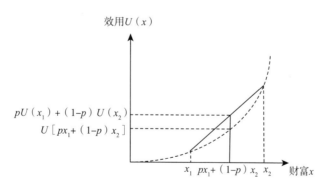

图 3-2 风险爱好者的效用函数

如图 3-2 所示，当决策者是风险厌恶者时，决策者的效用函数为凸函数。此时 $U[px_1 + (1-p)x_2] < pU(x_1) + (1-p)U(x_2)$，即决策者当前的财富效用小于他面临风险时的期望效用。

如图 3-3 所示，当决策者是风险中立者时，决策者的效用函数为一次线

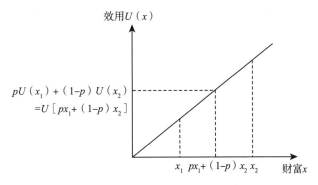

图 3 - 3　风险中立者的效用函数

性函数。此时 $U[p\,x_1 + (1-p)\,x_2] = pU(x_1) + (1-p)U(x_2)$，即决策者当前的财富效用等于他面临风险时的期望效用。

　　农户作为主要的组织者和管理者，在农业生产经营过程中会遭遇各种风险和不确定性，而且大量事实证明，农户是风险厌恶者（Hazell，1982）。如果忽视农户的风险厌恶行为，将导致有偏估计。因此，在研究农户的决策行为时，需要利用期望效用理论和模型来研究农户可能面临的风险。

3.2　理论分析与研究假说

3.2.1　气候变化对粮食单产的影响

　　经济学的实证研究需要建立在人类理性行为基础上，将经济因素与人类行为同时考虑在内，因此，可以控制技术进步、经济因素和人类行为等因素，有助于真实反映气候变化对粮食产量的影响。其中，分析用的生产函数模型主要利用空间面板数据，用粮食作物单产（也称粮食单产）作为主要目标函数来分析气候变化对粮食产量的影响。粮食作物单产能够直接反映当年作物生长的结果，因此相比于土地价值指标，更加适合于度量气候变化对农业影响的结果。

　　研究发现，气候因素对粮食作物单产的影响会依据生长阶段的不同而不同。如果仅识别粮食作物整个周期的气候条件，则很难反映作物不同生长阶段的气候变化对单产水平的影响（Welch et al.，2010）。Chen et al.（2014）和陈帅（2015）利用中国县级面板数据，将水稻和小麦生长周期细分为三个生长阶段，建立起不同生长阶段的气候条件与粮食单产之间的关系，研究发现，气候变化对粮食单产的影响会随作物生长阶段的不同而不同。一些学者也研究得出冬季适当增温会对冬小麦产量增加有积极作用，但是春季增温会导致冬小麦减产（Xiao et al.，2010；史印山等，2008）。产生的原因可能是由于生育期的缩短及变暖促使的冬小麦有效分蘖数量的增加（Kobata and Uemuki，2004；Dofing and Knight，1992）。因此，本研究认为，有必要通过细分粮食作物的各个生长阶段，分析不同生长阶段的气候变化对粮食单产的影响。

此外，目前大多数文献只考虑了长期气候变化对农作物产量的影响，忽略了极端天气事件（自然灾害）可能产生的影响。研究发现，极端天气会显著降低粮食单产，并且其负面影响程度相比于长期气候影响可能更大（汪阳洁，2014；蒋竞，2014）。鉴于极端天气事件的频繁发生，有必要将长期气候变化和极端天气事件因素同时考虑在内，比较分析它们的影响。

3.2.2 粮食单产空间异质性分析

由于我国不同地区独特的气候禀赋、水资源条件，以及农业基础设施和经济水平存在差异，同一地区同一村庄内样本的相似性可能会引起参数估计误差，采用以数据独立性为前提的经典方法可能失去参数估计的有效性（Guo and Zhao，2000；Chen et al.，2017；麻吉亮等，2012）。村庄基础设施建设等村级集体经济的发展对保障粮食安全具有关键作用（孔祥智、高强，2017；梁昊，2016），然而，我国农村集体经济整体发展不均衡，两极分化现象严重。例如，截至 2015 年年底，全国无经营收益的村达到 32.3 万个，而经营收益超过 100 万的村有 1.7 万个。因此，考虑不同村庄间粮食生产的空间异质性非常重要。

根据以上理论分析，本书提出以下两个研究假设。

研究假设Ⅰ：在其他条件不变的情况下，长期气候变化和极端天气事件对粮食单产产生显著影响，且影响随着作物生长阶段的不同而不同。

研究假设Ⅱ：粮食单产存在显著的空间异质性，即粮食单产会因不同村庄而产生差异。

3.2.3 农户气候变化适应决策

基于新古典经济理论的决策模型，是以信息完全为假设条件，主要从消费者或生产者的角度做一些单方面的评价分析，其目的是追求消费者的效用最大化或生产者的利润最大化。基于农户经济学的理论背景，农户本身会存在消费者和生产者一体的可能性。在发展中国家，农户具有一定程度的自己经济特征，其生产出的农产品既在市场上出售，也留作家庭消费，所以农户行为是结合了生产、消费等多个决策的结果（Albert、任长青，1995；张林秀，1996）。同时，生产风险是农业生产的典型特征，不可预测的天气会使农户生产面临严重的困难和显著的不确定性。在恶劣的气候和农业生态的条件下，有可能威胁国家粮食安全，甚至造成饥荒。如果不考虑气候变化风险，很难正确分析农户作为风险厌恶者的决策行为。因此，本书建立了一个在面临气候变化风险时，既生产又消费粮食的农户的生产决策模型。

在不确定情况下农户经济行为表达如下：

$$\text{Max } U = U(c_1, c_2)$$
$$\text{S. T. : } y = g(x, v) \text{ 生产限制}$$
$$c_2\, p_2 \leqslant m\, p_1 + N(x) \text{ 收入限制} \tag{3.5}$$

其中，$U = U(c_1, c_2)$ 为冯·诺依曼—摩根斯坦效用指数，代表农户在面对风险时的偏好。c_1 为农户生产粮食自身消费的一部分，其价格为 p_1；c_2 为农户从市场中购买的其他产品，其价格为 p_2。$y = g(x, v)$ 为粮食生产函数，y 为粮食产量，x 为与生产相关的解释变量，v 为不可预测的随机变量。

农户的预算约束为 $c_2\, p_2 \leqslant m\, p_1 + N(x)$。其中，$m$ 是粮食的市场出售量（市场剩余），满足公式 $m = y - c_1$，即粮食生产量由农户自身消耗和市场出售两部分构成，并且 m 没有符号限制，当农户产出超过消耗时，市场剩余可以为正（$m > 0$）；当农户产出少于消耗时，市场剩余为负（$m < 0$）。$N(x)$ 为农户其他行为的净收入（投入 x 的净成本）。根据 $m = y - c_1 - g(x, v)$，假设 $p_2 = 1$ 时，预算约束线可以转换为：$c_2 = N(x) + p_1[g(x, v) - c_1]$。

在期望效用模型下，农户需要作出决策以满足期望效用最优化：

$$\text{Max}\{EU(c_1, N(x) + p_1[g(x, v) - c_1]\} \tag{3.6}$$

假设当面对气候变化风险时，CE 为确定性等价（certainty equivalent, CE），在此净收益上所对应的效用水平等于不确定性条件下期望的效用水平，同时假设农户的全部收益 $\pi = N(x) + p_1[g(x, v)]$，即满足：

$$U(CE) = EU(\pi - c_1\, p_1) \tag{3.7}$$

此公式等价于：

$$U(c_1, CE - p_1\, c_1) = EU\{c_1, N(x) + p_1[g(x, v) - c_1]\} \tag{3.8}$$

确定性和不确定性的预期价值对于农户带来的效用可能不相同，他们之间的差异就是风险溢价（risk premium）$R = E(\pi) - CE$。也就是农户愿意为避免气候变化带来的风险而采用相关措施所支付的数额。将风险溢价 R 加入到模型中，即有：

$$U[c_1, E(\pi) - R - p_1 c_1] = EU(c_1, \pi - p_1 c_1) \qquad (3.9)$$

当农户是气候变化的风险厌恶者时，$R > 0$，此时农户收益的效用函数为凹函数，即 $U'(\pi) = \partial U / \partial \pi > 0$，$U''(\pi) = \partial^2 U / \partial \pi^2 < 0$。如图 3-4 所示，当农户面临气候变化风险时，可能会面临两种收益，即 π_1 和 π_2，发生概率分别为 p_1 和 p_2。假设收益相同的情况下，农户在没有面临气候变化风险的收益效用（A 点）大于他面临气候变化风险时的期望效用（B 点）。那么农户为避免气候变化风险，愿意花费 R 元以采用相关措施应对气候变化。此时满足 B 点和 C 点的收益效用是一致的，即 $U[c_1, E(\pi) - R - p_1 c_1] = EU(c_1, \pi - p_1 c_1)$。

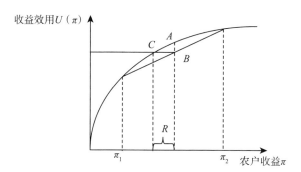

图 3-4　农户为风险厌恶者的效用函数

根据以上分析，本书提出研究假说 3。

研究假说Ⅲ：假设农户是气候变化的风险厌恶者，在其他条件不变的情况下，为减少风险和保证收益，农户会采取相应措施以应对气候变化，即气候变化对农户采用适应性措施有正向影响。

3.2.4　适应性行为有效性

很多研究表明，基于多目标的效用理论更能准确地描述和预测生产者行为，农户多目标效用理论模型逐渐得到了重视（Riesgo and Gómez - Limón，2006；刘莹、黄季焜，2010；张森等，2012）。在分析采用适应性行为应对气候变化的效果时，如果仅使用单一的产量目标函数，虽然能从宏观上把握粮食安全政策，却无法满足农户追求利润最大化的目标；如果仅使用传统的追求利润最大化的单一目标的农户期望效用理论（Bazzani et al.，2005），就无法考察宏观的粮食安全政策。此外，在面对温度上升、降水量下降、干旱不断加剧等气候变化时，农户也有规避风险的优化目标。因此，在评估适应性行为的有效性时，利用产量最大化、利润最大化和风险最小化的多目标期望效用函数更能准确地刻画农户的适应行为。

　　本书建立随机生产函数以分析各个要素对粮食平均产量及粮食产出风险的边际贡献。根据 Just and Pope（1978，1979）提出的广义生产函数，具体函数形式如下：

$$y = f(A, X; \alpha) + \sqrt{g(A, X; \beta)}\,\varepsilon \qquad (3.10)$$

　　其中，A 为适应气候变化决策，当 $A=1$ 时，表示农户采取应对气候变化的适应性措施；$A=0$ 时，表示农户未采取措施。X 向量为影响农户采用措施的一组解释变量。α 和 β 都是参数向量，ε 为误差项，假定服从标准正态分布 $\varepsilon \sim N$（0，1）。两个独立方程 $E(y) = f(A, X; \alpha)$，$V(y) = g(A, X; \beta)$ 分别表示粮食平均产量（产量的期望）和粮食产出风险（产量的方差）。

　　将 Just - Pope 生产函数带入农户的多目标效用函数中，得出包括种粮收益在内的效用函数：

$$U = P_y[f(A, X; \alpha) + \sqrt{g(A, X; \beta)}\,\varepsilon] - P_x X - P_A A \qquad (3.11)$$

　　其中，P_y 为粮食产出价格，P_x 为生产要素投入价格，P_A 为采取适应性措施所花费的费用。根据该模型分析农户采用（采取）适应性行为（适应性行为）的有效性，并基于一般经济学理论提出以下研究假设。

　　研究假说Ⅳ：适应性措施为风险降低型投入品，农户采取适应性措施会降低气候变化对粮食生产的负面影响，减少粮食产出风险，即存在 $\partial g / \partial A < 0$。

　　研究假说Ⅴ：农户采取适应性措施应对气候变化，所得到的平均预期产量要高于未采取节水技术时所得到的产量，即存在 $\partial f / \partial A > 0$。

　　研究假说Ⅵ：农户处于完全竞争市场中，即农户是市场价格（要素投入价格和农业产出价格）的接受者。在价格都是外生给定的情况下，农户采取适应性措施后所得到的粮食净收益要高于未采取措施时得到的净收益。

3.3　模型设定及估计方法

3.3.1　多层抽样的粮食单产影响模型

　　基于分层抽样的数据具有层次结构或聚集特征，不同层次的数据存在较大差异，同一层次的数据却具有较高的相似性，如果采用以数据独立性和同方差为前提的经典方法进行分析，高层（如村庄）数据往往被当作低层（如农户）数据处理，可能会引起参数估计误差（朱玉春和王蕾，2014；石磊等，2016）。

多层模型可以将单一的随机误差项分解到各数据层次上，构建与数据层次相适应的随机误差项，不仅可以反映出农户微观层面的行为选择特征对粮食单产的影响，而且可以反映出村庄区域差异对粮食单产的影响（Chen et al.，2017；麻吉亮等，2012）。此外，在分析具有嵌套和分层特征的数据时，利用多层模型可以得到更精确的参数估计。它可以区分群内差异（同一群体的个体差异）和群间差异（不同群体的个体差异），纠正由于同一水平内样本的相似性而引起的参数估计误差（Guo and Zhao，2000；Goldstein，2010；杨菊华，2012）。为此，本书运用多层模型（multi-level model），将黄淮海地区粮食单产的影响因素分为村庄和农户两个层面进行估计（图3-5）。

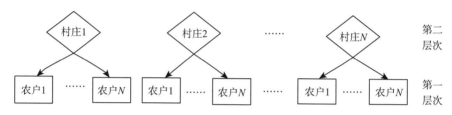

图3-5　模型的两层数据结构

3.3.1.1　无条件平均模型

无条件平均模型是指没有包括任何自变量的"空模型"，用来分析各层数据是否对因变量有显著影响。通过空模型的分析，可以将因变量的总方差分解到不同的层次，观察不同层次随机方差各占总方差的比例分布；如果不同层次的差异显著，就有必要采用多层模型。分为两个层次的空模型表达式为：

$$Y_{ij} = \beta_{0j} + \varepsilon_{ij} \tag{3.12a}$$

$$\beta_{0j} = \gamma_{00} + \mu_{0j} \tag{3.12b}$$

其中，Y_{ij} 为 j 村庄 i 农户的粮食单产；β_{0j} 为截距，下标 j 为每个村庄拥有各自的截距，是区分多层模型与普通模型的标志。β_{0j} 可以分解为固定成分 γ_{00} 和社区层次的随机成分 μ_{0j}，将（3.12b）代入（3.12a），得出：

$$Y_{ij} = \gamma_{00} + \mu_{0j} + \varepsilon_{ij} \tag{3.13}$$

其中，γ_{00} 为总截距，即粮食单产的整体均值。μ_{0j} 和 ε_{ij} 分别为村级层面和农户层面的随机干扰项，满足条件：$\mu_{0j} \sim N(0, \sigma_\mu^2)$，$\varepsilon_{ij} \sim N(0, \sigma_\varepsilon^2)$，且相互独立，互不影响。将粮食单产的总方差分解为村级和农户两个层次，σ_μ^2 表示粮食单产因村庄的特征而异，和 σ_ε^2 之间的关系被称为群间关联度系数 ICC（intra-class correlation coefficient），表示村级随机变量的差异在因变量总差异中的比例。

$$\rho = \frac{\sigma_{\mu}^{2}}{\sigma_{\varepsilon}^{2} + \sigma_{\mu}^{2}} \tag{3.14}$$

当 ρ 显著大于 0 时，说明村级层面对粮食单产的影响越显著，应该运用多层模型估计（Bryk and Raudenbush，1992）。

3.3.1.2　随机截距模型

随机截距模型假定因变量总均值随群体而异，各群体回归模型的斜率是固定的，也就是说，两个层面的因素对因变量的影响是独立的。本书主要考察村庄层面和农户层面的因素对因变量的影响。因此，分为两个层面的随机截距模型设定如下：

$$Y_{ij} = \left(\gamma_{00} + \sum_{1}^{q} \beta_{0qj} V_{0qj} + \sum_{1}^{p} \beta_{pij} X_{pij}\right) + (\mu_{0j} + \varepsilon_{ij}) \tag{3.15}$$

其中，X_{pij} 为农户层次的自变量，V_{0qj} 为村庄层次的自变量，β_{0qj} 和 β_{pij} 为影响系数。其他变量与模型（1）相同。$\gamma_{00} + \sum_{1}^{q} \beta_{0qj} V_{0qj} + \sum_{1}^{p} \beta_{pij} X_{pij}$ 为固定效应，$\mu_{0j} + \varepsilon_{ij}$ 为随机效应。将式（3.15）改为一般的混合线性模型（张敏等，2017），如下：

$$Y = X\beta + ZU + e \tag{3.16}$$

其中，Y 为观测变量，X 为固定参数 β 的设计矩阵，Z 为随机效应 U 的设计矩阵，e 为随机误差。令 $\mathrm{Cov}(Y) = V(\theta)$，在 U 和 e 服从正态分布的假设下，模型的对数似然函数为：

$$\ln L(\beta,\theta \mid Y) = -\ln|V(\theta)| - (Y - X\beta)' V^{-1}(\theta)(Y - X\beta) \tag{3.17}$$

通过极大化即可得到参数的极大似然估计。即首先固定参数 θ，极大化式（3.16），可得到 $\widehat{\beta}(\theta) = [X' V^{-1}(\theta)X]^{-1} X' V^{-1}(\theta)Y$，其次将 $\widehat{\beta}(\theta)$ 代入 $L(\beta,\theta \mid Y)$，通过对其极大化，即可求出 θ 的极大似然估计。

3.3.2　适应决策及有效性研究模型

3.3.2.1　内生转换回归模型

当评估农户适应性决策对三种结果（粮食产出水平、粮食产出风险、农户种粮的净收益）的影响时，会面临两个计量方面的挑战：第一，当加入决策变量时，可能因为遗漏变量而产生内生性问题；第二，存在样本选择偏差，没有考虑处理效应的异质性。鉴于此，本书采用内生转换回归模型（endogenous switching regression model，ESRM）分析农户采取相应措施的决定因素，以及其对粮食产出水平（粮食产量）、粮食产出风险和农户种粮的净收益的影响。

具体来说，ESRM 模型分为两个阶段，在第一个阶段，利用 Probit 模型分析估计农户采取相应措施的影响因素；在第二个阶段，根据决策不同，农户分为两个主体（采取措施的农户和未采取措施的农户），并分别估计农户采用适应性措施和未采用适应措施的效果差异（Lee，1978）。

在第一阶段，设 A_i^* 为是否采取措施的哑变量 A_i 的潜变量，具体形式如下：

$$A_i^* = X_i\alpha + Z_i\gamma + \mu_i \quad A_i = 1[A_i^* > 0] \qquad (3.18)$$

农户在地块 i 上采取相应措施（$A_i=1$）以应对长期气候变化和极端天气事件。X 向量为影响农户采用措施的一组解释变量，α 为相对应的参数向量。Z 为工具变量，γ 是对应的估计参数。选取工具变量的原因是：为保证模型可识别，要求选择方程中至少有一个变量不能出现在结果方程中，该变量必须满足影响农户采取措施但不直接影响粮食产量或农户种粮的净收益。μ_i 为误差项，并满足 $\mu_i \sim N(0,\sigma_\mu^2)$。

在第二阶段，采取和未采取相应措施的结果方程如下：

$$Y_{1i} = X_{1i}\beta + \varepsilon_{1i} \text{ if } A_i = 1 \qquad (3.19a)$$

$$Y_{2i} = X_{2i}\beta' + \varepsilon_{2i} \text{ if } A_i = 0 \qquad (3.19b)$$

其中，Y_{1i} 和 Y_{2i} 分别为采取和未采取相应措施农户的粮食产量、粮食产出风险和农户种粮的净收益。X_{1i} 向量为影响采取措施的农户的粮食产出或收益的一组解释变量，X_{2i} 向量为影响未采取措施的农户的粮食产出或收益的一组解释变量。β 和 β' 是对应的估计参数。

本书采用一阶矩和二阶矩估计法来分别表示粮食产出期望和粮食产出方差。粮食产出期望为 $E(y) = f(A,X;\alpha)$，粮食产出方差为 $V(y) = g(A,X;\beta)$。在生产不确定条件下，根据一阶矩估计法，粮食综合产量函数可以定义为：$y = f(A,X;\alpha) + \mu$，其中 $f_1(A,X;\alpha) = E(y)$，表示粮食综合产量的期望值。$\mu = y - f_1(A,X;\alpha)$，为随机误差项，表示农户面对气候变化的不确定性，且满足 $E(\mu) = 0$。根据二阶中心距定义，粮食产出风险可以用粮食产出方差来表示：$E\{[y - f_1(A,X;\alpha)]^2\} = E(\mu^2) = g(A,X;\beta)$。

当不可观测因素同时影响农户采取措施的选择变量 A 和结果变量 Y 时，选择方程和结果方程中的误差项相关系数将不为零，即 $corr(\mu,\varepsilon) \neq 0$。此外，由于误差项 ε_{1i} 和 ε_{2i} 的期望值不为 0，这时使用 OLS 直接对方程（3.19a）与

（3.19b）进行参数估计将产生样本选择偏差问题（Lee，1978；Maddala，1986）。

本书假设方程（3.18），（3.19a）和（3.19b）的误差项 μ，ε_1，ε_2 服从三维正态分布，并满足 0 均值，协方差矩阵如下：

$$\sum = \begin{bmatrix} \sigma_\mu^2 & \sigma_{\mu 1} & \sigma_{\mu 2} \\ \sigma_{1\mu} & \sigma_1^2 & \sigma_{12} \\ \sigma_{2\mu} & \sigma_{21} & \sigma_2^2 \end{bmatrix}$$

其中，$Var(\mu) = \sigma_\mu^2$，$Var(\varepsilon_1) = \sigma_1^2$，$Var(\varepsilon_2) = \sigma_2^2$，$Cov(\varepsilon_1, \mu) = \sigma_{1\mu}$，$Cov(\varepsilon_2, \mu) = \sigma_{2\mu}$，$Cov(\varepsilon_1, \varepsilon_2) = \sigma_{12}$。由于数据缺失问题（不能同时获取农户在不同选择行为下的结果 Y_{1i} 和 Y_{2i}），本书将在结果方程中引入逆米尔斯比率 λ（inverse mills ratio）来解决这一问题（Greene，2003）。采取和未采取相应措施的结果方程（3.19a）和（3.19b）的误差项 ε_1 和 ε_2 的期望值如下：

$$E[\varepsilon_{1i} \mid A_i = 1] = \sigma_{1\mu} \frac{\varphi(X_i\alpha + Z_i\gamma)}{\phi(X_i\alpha + Z_i\gamma)} = \sigma_{1\mu} \lambda_{1i} \qquad (3.20a)$$

$$E[\varepsilon_{2i} \mid A_i = 0] = -\sigma_{2\mu} \frac{\varphi(X_i\alpha + Z_i\gamma)}{1 - \phi(X_i\alpha + Z_i\gamma)} = \sigma_{2\mu} \lambda_{2i} \quad (3.20b)$$

其中，$\varphi(.)$ 为标准正态概率密度，$\phi(.)$ 为正态累积分布函数。逆米尔斯比率 λ_1 和 λ_2 是根据 $A_i^* = X_i\alpha + Z_i\gamma + \mu_i$ 估计得出，分别表示为

$$\lambda_1 = \frac{\varphi(X_i\alpha + Z_i\gamma)}{\phi(X_i\alpha + Z_i\gamma)}, \lambda_2 = -\frac{\varphi(X_i\alpha + Z_i\gamma)}{1 - \phi(X_i\alpha + Z_i\gamma)}$$

在具体估计时，ESRM 模型采用完全信息极大似然法（full information maximum likelihood，FIML），改进了两阶段最小二乘法和最大似然法的估计效率（Lokshin and Sajaia，2004）。根据对误差项的三维正态分布的假设，对数似然函数表示为：

$$\ln L_i = \sum_{i=1}^N \left\{ A_i \left[\ln\varphi\left(\frac{\varepsilon_{1i}}{\sigma_1}\right) - \ln\sigma_1 + \ln\phi(\theta_{1i}) \right] + (1 - A_i) \right.$$
$$\left. \left[\ln\varphi\left(\frac{\varepsilon_{2i}}{\sigma_2}\right) - \ln\sigma_2 + \ln(1 - \phi(\theta_{2i})) \right] \right\} \qquad (3.21)$$

其中，$\theta_{ji} = \dfrac{Z_i + \rho_j \varepsilon_{ji} / \sigma_j}{\sqrt{1 - \rho_j^2}}$，$j = 1, 2$，$\rho_j$ 代表选择决策方程（3.14）中的误差项 μ_i 与结果方程（3.15a）和（3.15b）中的误差项 ε_{ji} 的相关性。$\rho_{1\mu} = \dfrac{\sigma_{1\mu}}{\sigma_1 \sigma_\mu}$ 为 μ 和 ε_1 之间的相关系数，$\rho_{2\mu} = \dfrac{\sigma_{2\mu}}{\sigma_2 \sigma_\mu}$ 为 μ 和 ε_2 之间的相关系数。$\rho_{1\mu}$ 和 $\rho_{2\mu}$ 的估计值在 -1 到 1 之间，σ_1 和 σ_2 的估计值始终大于 0。此外，对内生转换模型进

行完全信息极大似然估计，可以通过 STATA 软件的 *movestay* 命令实现（Lokshin and Sajaia，2004）。

如果相关系数 $\rho_{1\mu}$ 和 $\rho_{2\mu}$ 具有统计上的显著性，那么适应决策和结果是相关的。这就表明不存在样本选择偏差的零假设被拒绝，需要采用内生转换模型（Abdulai and Huffman，2014；Akpalu and Normanyo，2014）。相关系数 $\rho_{1\mu}$ 和 $\rho_{2\mu}$ 的符号具有经济意义。如果 $\rho_{1\mu}$ 和 $\rho_{2\mu}$ 的符号相反，农户会根据比较优势采取适应性措施，即采用适应性措施的农户的净收益会由于其采用措施而高于整体的平均收益水平，未采用适应性措施的农户的净收益会由于不采用措施而高于整体平均水平。如果 $\rho_{1\mu}$ 和 $\rho_{2\mu}$ 的符号相同，意味着分层排序：采用适应性措施的农户无论是否采用措施都会获得高于平均水平的收益，但其最好选择采用措施；而未采用适应性措施的农户无论是否采用措施都会有低于平均水平的收益，但其最好选择不采用措施（Alene and Manyong，2007；Fuglie and Bosch，1995；Maddala，1986；Willis and Rosen，1979）。此外，如果 $\rho > 0$，则表示负向的选择偏差，意味着低于平均收益水平的农户更可能采取适应性措施；相反，如果 $\rho < 0$，则表示正向的选择偏差，表明高于平均收益水平的农户更有可能选择采取适应性措施（Abdulai and Huffman，2014；Kabunga et al.，2012；Rao and Qaim，2011）。

3.3.2.2 基于 ESRM 模型的处理效应估计

利用 ESRM 模型可以比较实际观察的和反事实情况下农户的粮食产量和种粮的净收益。在实际观察情况下，采取适应性措施和未采取适应性措施的农户粮食产量和种粮的净收益的条件期望函数分别定义如下：

$$E(Y_{1i} \mid A_i = 1) = X_{1i}\beta + \sigma_{1\mu}\lambda_{1i} \qquad (3.22a)$$

$$E(Y_{2i} \mid A_i = 0) = X_{2i}\beta' + \sigma_{2\mu}\lambda_{2i} \qquad (3.22b)$$

而在反事实假设情况下，采取适应性措施的农户如果未采取措施时的预期结果和未采取适应性措施农户如果采取措施时的预期结果，可以分别表述为（3.22c）和（3.22d）：

$$E(Y_{2i} \mid A_i = 1) = X_{1i}\beta' + \sigma_{2\mu}\lambda_{1i} \qquad (3.22c)$$

$$E(Y_{1i} \mid A_i = 0) = X_{2i}\beta + \sigma_{1\mu}\lambda_{2i} \qquad (3.22d)$$

由于适应性措施的采用而导致的结果的改变，可以被认为是采用和不采用适应性措施之间的差别（Akpalu and Normanyo，2014；Heckman et al.，2001；Di Falco et al.，2011）。实际采取措施应对气候变化的农户，其粮食产量（粮食产出）和种粮的净收益的平均处理效应，即被处理组的平均处理效应

(average treatment effect on the treated，ATT）可以表述为方程（3.22a）与方程（3.22c）之差：

$$ATT = E(Y_{1i} \mid A_i = 1) - E(Y_{2i} \mid A_i = 1) = X_{1i}(\beta - \beta') + (\sigma_{1\mu} - \sigma_{2\mu})\lambda_{1i}$$
$$(3.23a)$$

类似地，实际未采取措施的农户的平均处理效应，即未被处理组的平均处理效应（average treatment effect on the untreated，ATU）可以表述为函数（3.22d）与（3.22b）之差：

$$ATU = E(Y_{1i} \mid A_i = 0) - E(Y_{2i} \mid A_i = 0) = X_{1i}(\beta - \beta') + (\sigma_{1\mu} - \sigma_{2\mu})\lambda_{2i}$$
$$(3.23b)$$

3.4　数据来源与分布

本书采用的数据来源主要包括两个部分：中科院农业政策研究中心（CCAP）实地调查数据和政府部门统计的气象观测数据及农业生产数据。气象数据来自中国气象局气象数据中心提供的数据库[①]，主要包括样本县或相邻县的气象观测站记录的日均最高气温、最低气温、平均气温、24 小时降水量。实地调查数据来自课题组对黄淮海地区河南、河北、山东、江苏和安徽 5 省进行的大规模实地调研。

黄淮海地区主体是由黄河、海河和淮河及支流冲积而成的黄淮海平原（华北平原），以及与其相邻的鲁中南丘陵和山东半岛组成。整个区域的划分为北起长城，南至桐柏山、大别山北麓，西倚太行山和豫西伏牛山地，东濒渤海和黄海，行政区域划分上，大致包括北京、天津和山东三省市的全部，河北及河南两省的大部，以及江苏、安徽两省的淮北地区[②]。黄淮海地区是我国的粮食主产区，该区域主要为小麦和玉米，或小麦和水稻构成的一年两熟的作物种植结构。小麦、玉米和稻谷的产量分别达到全国总产量的 75％、30％和 20％。然而，该区域降水季节性差异过大。由于夏季集中了全年降水量的 60％左右，常出现洪涝灾害；而秋冬春三季均存在水分亏缺，没有灌溉条件的地区往往受到干旱的严重威胁（徐建文等，2014）。近些年来，黄淮海地区还出现了温度上升、降水量下降、干旱不断加剧等气候变化。在过去 20 年中，淮河、海河、

[①]　数据来源：中国气象数据共享网（http：//cdc.cma.gov.cn）。
[②]　参考百度百科词条：黄淮海地区（https：//baike.baidu.com/item）。

黄河的地表径流分别减少了 15％、41％和 15％（国家发展与改革委员会，2007）。因此，本书选取黄淮海地区的河南、河北、山东、安徽、江苏 5 个省作为考察对象。

根据分层随机抽样原则，首先，每个省各抽取若干县份，样本县需要满足以下两个条件：第一，2010—2012 年，该县至少有一年遭受过非常严重或严重的自然灾害（旱灾、洪涝灾、风灾），即灾害年；第二，该县至少经历了一个天气较为正常的年份，即正常年。根据国家自然灾害标准，自然灾害根据严重程度可分为四类：非常严重、严重、一般和轻微（国家气象局，2004）。如果当地政府发布灾害预警且灾害程度达到非常严重或严重水平，则该年被定义为灾害年。如果发布的灾害预警没有超过一般的水平，则该年被定义为正常年。其次，每个样本县随机抽取 3 个乡镇，乡镇的抽取原则是：依据灌溉排水基础设施条件分为高、中、低三类乡镇，每类取 1 个乡镇。然后，在每个乡镇再随机选取 3 个村。最后，每个村随机选取 10 个农户进行问卷调查，所选农户主要从事粮食生产。然后就每个农户最大的 2 块地进行详细访问。因此，总样本包括 5 个省，15 个县，45 个乡镇，135 个村庄，1 350 个农户，2 700 个地块。通过对总样本数据的筛选和处理，最后本书确定的主要对象包括河南、河北、山东、安徽、江苏 5 个省，15 个县，45 个乡镇，135 村，1 348 个农户，2 569 个地块。其中，有 11 个县 1 880 个地块遭受旱灾，且 2011 年为旱灾年，2012 年为正常年。有 4 个县 689 个地块遭受了涝灾，其中易县、陵县、响水三个县的涝灾年为 2012 年，相对正常年份为 2011 年；兴化的涝灾年为 2011 年，正常年为 2012 年（表 3 - 1）。

表 3 - 1　黄淮海地区农户样本分布

省份	县（市）	农户数（个）	地块数（个）	受灾类型	受灾年/正常年
河南	原阳	90	167	D	2011/2012
	滑县	90	159	D	2011/2012
	永城	90	176	D	2011/2012
河北	魏县	90	164	D	2011/2012
	易县	89	160	F	2012/2011
	围场	90	173	D	2011/2012

（续）

省份	县（市）	农户数（个）	地块数（个）	受灾类型	受灾年/正常年
山东	陵县	90	171	F	2012/2011
	郓城	89	174	D	2011/2012
	微山	90	163	D	2011/2012
江苏	兴化	90	178	F	2011/2012
	响水	90	180	F	2012/2011
	沛县	90	180	D	2011/2012
安徽	埇桥	89	175	D	2011/2012
	濉溪	90	172	D	2011/2012
	利辛	90	177	D	2011/2012
合计	15	1 348	2 569	—	—

注：D 表示 drought，即干旱；F 表示 flood，即洪涝。

第 4 章　黄淮海地区气候变化、粮食生产及农户适应性特征

4.1　引言

　　本章主要基于政府部门统计的农业生产和气象观测数据，以及黄淮海地区五省（河南、河北、山东、江苏、安徽）大规模种粮农户的微观调查数据，对中国黄淮海地区长期气候变化和极端天气事件发生特征、粮食生产特征及变动趋势、种粮农户应对气候变化的适应性行为特征及相关关系进行描述性统计分析，以便从总体上了解气候变化与粮食生产的关系，阐明粮食生产面临的潜在气候变化风险，梳理农户在粮食生产中采用适应气候变化的各类措施，为后续实证研究气候变化对粮食生产的影响，以及揭示种粮农户气候变化适应性行为及效果奠定基础。

4.2　气候变化特征

　　气候变化是气候平均状态随时间的变化，即趋势或离差出现了统计意义上的显著变化。本章根据第二章的定义与分类，基于国气象局气象数据中心气象台站观测的地面气候资料月值数据集和水利部发布的相关年度《中国水旱灾害公报》中提供的灾害数据，主要考察黄淮海地区长期气候变化（主要指 30 年以上的平均或其他形式的气候变化）和极端天气事件（天气严重偏离平均状态并形成如干旱、洪涝、风灾、连阴雨等自然灾害）的变化特征。

4.2.1　长期气候变化特征

　　图 4-1 反映了过去 50 多年（1960—2012 年）和过去近 30 年（1983—2012 年）黄淮海地区的年平均气温变化趋势。从图中可以看出，黄淮海地区的年平均气温呈现明显的上升趋势。具体来看，1960—2012 年的年平均气温

增长幅度约为 0.022 1℃，1983—2012 年的年平均气温增长幅度为 0.034 3℃。这说明，相比较过去 50 年的数据，过去近 30 年的气温上升趋势更加明显。这一结论与丁一汇等（2006），秦大河等（2007）得出的结论较为一致。他们认为我国急剧增暖现象在 20 世纪 80 年代中期以后更加突出。此外，与全国年平均气温增长幅度相比（0.040 8℃，1983—2012 年），黄淮海地区气温增长幅度较为平缓。

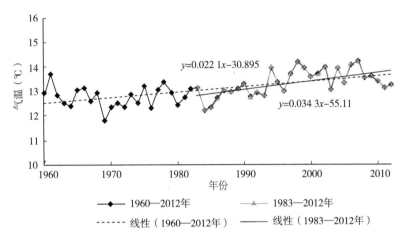

图 4-1　黄淮海地区年平均气温变化趋势

数据来源：基于中国气象局气象数据中心气象台站观测的地面气候资料月值数据集（采用气象插值方法计算得到）。

进一步地，从图 4-2 可以看出，在过去 50 多年（1960—2012 年），12 个月份的气温都有较大程度的变化，且总体上每 10 年的各月平均气温呈现依次上升的趋势。尤其是冬季增温趋势明显，是四季中最显著的变化趋势。例如，20 世纪 60 年代，12 月，1 月和 2 月的平均气温分别为 -0.49℃，-2.52℃，-0.28℃，而 21 世纪以来，上述三个月的平均气温达到 0.37℃，-1.76℃，1.95℃。

相比于平均气温比较明显的变化趋势而言，黄淮海地区年平均降水量的变化趋势并不明显。从图 4-3 可以看出，过去 50 多年，黄淮海地区年平均降水量呈现下降趋势，但下降幅度较小，年均为 -0.654mm。此外，年平均降水量的波动非常明显，反映出长期降水量的年际变化比较剧烈。尤其是 2003 年，黄淮海地区降水量较往年大很多，位于该地区的淮河和黄河中游干流河段都发生了特大洪水，这也是导致近 30 年的年均降水量趋势略有增加的原因。

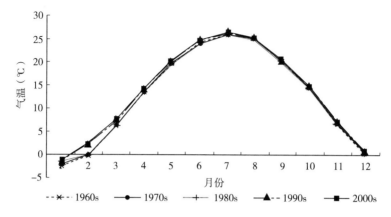

图 4-2　1960—2012 年黄淮海地区平均月气温变化趋势

数据来源：基于中国气象局气象数据中心气象台站观测的地面气候资料月值数据集（采用气象插值方法计算得到）。

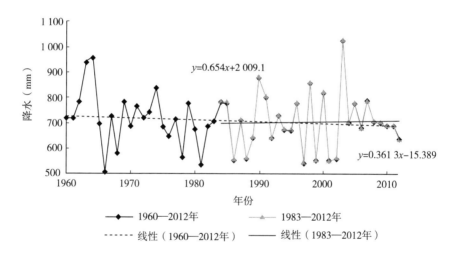

图 4-3　黄淮海地区年平均降水变化趋势

数据来源：基于中国气象局气象数据中心气象台站观测的地面气候资料月值数据集（采用气象插值方法计算得到）。

进一步地，从图 4-2 可以看出，在过去 50 多年（1960—2012 年），12 个月份的气温都有较大程度的变化，且总体上每 10 年的各月平均气温呈现依次上升的趋势。尤其是冬季增温趋势明显，是四季中最显著的变化趋势。例如，20 世纪 60 年代，12 月、1 月和 2 月的平均气温分别为 −0.49℃、−2.52℃、−0.28℃，而 21 世纪以来，上述三个月的平均气温达到 0.37℃、－1.76℃、1.95℃。

图 4-4 为黄淮海地区平均每月降水量每 10 年的变化趋势，可以明显看出，7 月和 8 月的降水量最高，但这两个月的每 10 年的月平均降水量呈现递减趋势。其他月份降水量变化并不明显。

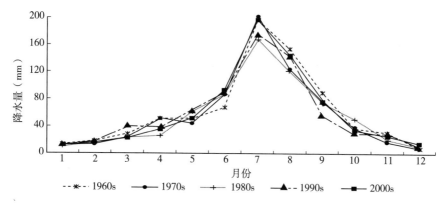

图 4-4　1960—2012 年黄淮海地区平均月降水量变化趋势

数据来源：基于中国气象局气象数据中心气象台站观测的地面气候资料月值数据集（采用气象插值方法计算得到）。

根据上述分析，黄淮海地区长期年平均气温呈现较为明显的上升趋势，尤其在过去近 30 年急剧增暖现象更为突出。12 个月份的气温在不同时期都有较大程度的变化，特别是冬季增温趋势在四季中变化最为明显。年均降水量变化趋势并不明显，但是年际间波动较大。由于气温和降水是影响粮食生产的重要因素，因此长期气候变化会直接影响粮食产量，增加生产风险。

4.2.2　极端天气事件发生状况

由于旱灾和涝灾是影响粮食生产的两个最重要的灾害，因此本研究关注的极端天气事件主要是干旱和洪涝。

1950—2016 年，因旱受灾面积①所占总播种面积比例和因旱成灾面积②所占比例呈现上升趋势（图 4-5），且年际间波动幅度很大。具体来说，1950 年的因旱受灾面积和成灾面积占比为 1.86％和 0.46％，之后因旱受灾和成灾面

---

①　受灾面积：受灾作物产量比正常年产量减产 1 成以上（含 1 成）的面积。同一块耕地多季受灾，累计各季受灾面积最大值。作物受灾面积中包含成灾面积，成灾面积中包含绝收面积。

②　成灾面积：受灾作物产量比正常年产量减产 3 成以上（含 3 成）的面积。

积呈现不断扩大趋势，1961 年和 1978 年分别达到两个峰值，受灾比例分别为 26.43％和 26.76％，成灾比例分别为 13.03％和 11.97％。进入 21 世纪以来，严重干旱、特大干旱频繁出现，2000 年的受旱面积和成灾面积是 1950 年以来的最大值，分别高达 4 054 万公顷和 2 678 万公顷，因旱受灾面积比例和成灾面积比例分别为 25.94％和 17.14％。

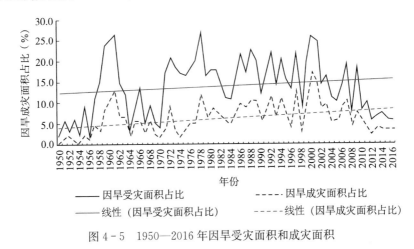

图 4-5 1950—2016 年因旱受灾面积和成灾面积

1950—2016 年，因涝受灾面积和成灾面积所占总播种面积比例也呈现上升趋势（图 4-6），且年际间波动幅度很大。1991 年的因旱受灾面积和成灾面积达到 1950 年以来的最高值，分别为 2 460 万公顷和 1 461 万公顷；受灾和成灾比例也高达 16.44％和 9.77％。

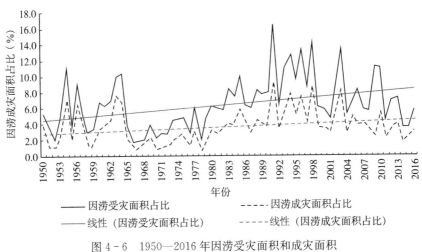

图 4-6 1950—2016 年因涝受灾面积和成灾面积

4.3　粮食生产特征

本节主要基于国家统计局提供的粮食生产数据，对黄淮海地区粮食产量、粮食播种面积和粮食单产的变化特征和趋势进行描述分析。

4.3.1　粮食产量变化的特征及分布

首先观察黄淮海地区随年份的粮食产量变化。从图 4 - 7 可以明显看出，过去近 40 年，五省的粮食产量都呈明显上升趋势，五省粮食总产量从 1978 年的 9 845 万吨上升到 2016 年的 20 990.9 万吨，年均增长率为 2.01%，高于全国粮食产量的年均增长率（1.87%）。同时，五省粮食产量在过去近 40 年都有不同程度的波动。1999 年之前，粮食产量虽有小幅波动但整体属于上升态势，但 1999 年后，粮食产量不断下降，到 2003 年达到极小值，主要原因是粮食播种面积呈现断崖式下降。2004 年后随着粮食播种面积回暖及粮食单产稳步增长，粮食产量也呈现连续增加趋势。其次，黄淮海地区是我国主要粮食生产区，在过去 40 年，该地区粮食产量占全国总产量的比例一直稳定在30%～36%，贡献了全国三分之一的粮食产量。此外，从 2016 年各省的粮食产量占黄淮海地区全部产量的比例可以看出，河南省的粮食产量所占比例最多，为 28.3%；其次为山东省，所占比例为 22.4%，河北、江苏和安徽的粮食产量分别占到该区域的 16.5%、16.5% 和 16.3%。

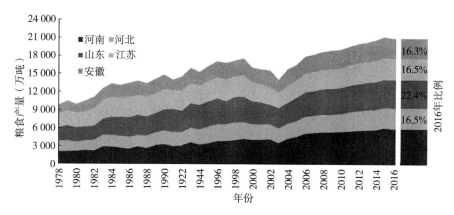

图 4 - 7　1978—2016 年黄淮海地区粮食产量变动趋势及各省粮食占比情况

黄淮海地区是我国的粮食主产区，该区域主要为小麦和玉米，或小麦和水稻构成的一年两熟的作物种植结构。小麦、玉米和稻谷的产量分别可以达到全国总产量的 75%、30% 和 20%。从图 4-8 来看，黄淮海地区五省的小麦、玉米和稻谷产量占比分别为 45.1%、30.2% 和 19.6%。从各省来看，河南、河北、山东的粮食主要由小麦和玉米构成，江苏和安徽的粮食来源主要是小麦和稻谷。

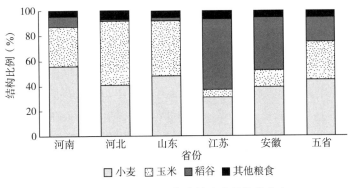

图 4-8 黄淮海地区各省粮食产量结构分布

4.3.2 粮食播种面积的变化特征

图 4-9 显示，近 40 年来，黄淮海地区粮食播种面积发生了很大变化。1978—2003 年，由于我国工业化、城镇化进程加快，粮食播种面积不断下降，

图 4-9 1978—2016 年黄淮海地区粮食作物面积及结构变动趋势

2003 年达到最低点，为 3 210 万公顷，此时全国的粮食总播种面积也达到了新中国成立以来的历史最低点，为 9 941 万公顷。2004 以后，随着国家出台减免农业税、粮食补贴等一系列农业发展的利好政策后，粮食播种面积出现了持续增长的新形势，2016 年黄淮海地区的粮食播种面积稳定在 3 620 万公顷。

同时，近 40 年来，黄淮海地区粮食种植结构与时间虽然呈不明显的"U"型关系，但整体上呈现下降趋势。具体来看，1978 年粮食播种面积占农作物播种面积的 80.2%，到 2016 年这一比例下降到 71.5%，下降幅度达到 8.7%。

4.3.3　粮食单产变化特征

图 4 - 10 反映了全国和黄淮海地区的粮食单产随时间的变化情况。从图中可以看出，不管是全国的粮食单产还是黄淮海地区的粮食单产都表现为明显的上升趋势，具体来说，全国粮食单产从 1978 年的每公顷 2 527.3 千克上升到 2016 年每公顷 5 451.9 千克；1978—2016 年，黄淮海地区的粮食单产从每公顷 2 608.3 千克上升到 5 806.2 千克。此外，黄淮海地区的粮食单产也要高于全国粮食单产。

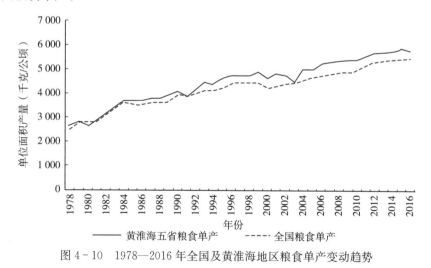

图 4 - 10　1978—2016 年全国及黄淮海地区粮食单产变动趋势

4.4　极端天气事件对粮食生产的影响

由于缺少黄淮海地区各省因灾害导致的粮食减产数据，在这一节中本书根据全国数据来分析极端天气事件对粮食产量的影响。图 4 - 11 显示了平均每年因干旱和洪涝灾害导致的中国粮食减产数量。可以看出，过去 60 多年（1950—2016 年）中，干旱和洪涝对粮食生产的负面影响较大，平均每年的粮食损失分别达到 1 630.2 万吨和 650.2 万吨。旱灾和涝灾对粮食损失造成的损失不断加剧，且随年份呈明显上升趋势，年均粮食损失率分别达到 3.5％和 2.2％。这说明，从长期来看，旱灾对粮食产量的影响程度和幅度都高于涝灾对粮食产量的影响程度和幅度。

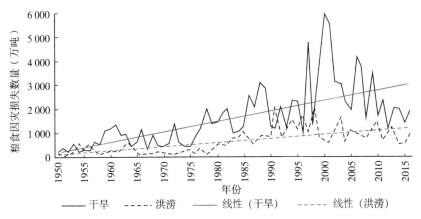

图 4 - 11　1950—2016 年全国因干旱和洪涝灾害导致粮食损失量

数据来源：中国统计年鉴 2017；中国水旱灾害公报 2016。

4.5　农户适应气候变化的应对措施

本节主要基于黄淮海地区五省的大规模实地调查数据，对目前粮食生产中农户采取的应对气候变化的适应性措施和相关政策进行描述性统计分析。在粮食生产中，农户常常会采用一系列措施。这些措施不但能保证和促进粮食生产，同时在应对气候变化方面也会产生积极作用。然而，很多研究中提出的应对气候变化措施，如农田管理、水利建设等都是来源农户的日常生产或管理行为，不能代表真正的适应（Lobell，2014）。因此，为了区分农户采取的措施是否属于适应性措施，本节考虑了三个重要方面：首先，在极端天气事件发生阶段，农户采取的措施最有可能被认为是适应性措施。根据第三章的数据来源可以看出，在本书中所抽取的样本必须满足样本县在三年内（2010—2012 年）至少有一年遭受过严重或非常严重的自然灾害。其次，通过设计正常年和灾害年的比较，来确定农户在应对极端天气事件等气候变化时的"真正适应"。再次，在与农民面对面的实地采访中，课题组调查人员会询问农民是否在自然灾害发生或与长期气候变化相关的情况下采取了措施。例如，为测量农户适应性措施的采用情况，在调查时课题组调查人员会询问种粮农户"最近 3 年，在遭遇自然灾害时，有没有采取过以下措施来应对灾害?"基于以上三个方面，在本书中，分析农户采取的措施被认为是应对气候变化的适应性措施。

基于前人对适应性措施的总结归纳，本书对农户在粮食生产中采用的适应性措施进行梳理和分类，主要分为工程类适应措施和非工程类适应措施两大类。其中，工程类适应措施包括对水库、机井、水泵、排灌水沟渠等农田水利基础设施的新建和维修；非工程类适应措施包括节水技术、农田管理和风险管理（表 4-1）。

表 4-1　种粮农户采取适应性措施分类

一级分类	二级分类	具体措施内容
工程类适应措施	新建	新建水库、水窖、水坝、池塘、机井、排灌水沟渠、排灌站等设施或购买水泵等设施
	维修	维修水库、水窖、水坝、池塘、机井、水泵、排灌水沟渠、排灌站等设施
非工程类适应措施	节水技术	畦灌、沟灌、平整土地、地面管道（白龙或水带等）、地下管道（不包括喷灌和滴灌的管道）、喷灌、滴灌/微灌、渠道防渗（衬砌/硬化）、地膜覆盖、免耕/少耕、秸秆覆盖/还田、化学药剂、间歇灌溉和抗旱品种
	农田管理	调整作物品种、播种和收获日期，补种、扶苗、定苗和洗苗，调整排水灌溉强度、灌溉时间、施肥时间，调整生产要素投入等
	风险管理	参加农业保险、调整种植结构

接下来，本节将对农户在粮食生产中采取的应对气候变化的适应性措施进行描述分析。首先，从整体上了解不同类型的适应性措施的采用情况；其次，进一步具体分析各类适应性措施的采用情况；再次，结合极端天气事件分析农户应对干旱和洪涝采用适应性措施的情况。这一节所需的农户和地块数据来自于表 3-1 的样本数据，即研究对象主要包括河南、河北、山东、安徽、江苏 5 个省，15 个县，45 个乡镇，135 个村，1 348 个农户，2 569 个种粮地块。

4.5.1 不同类别适应性措施统计

表4-2显示了三年内（2010—2012年）黄淮海地区五省样本农户采取不同的适应性措施比例。

表4-2 2010—2012年农户采取不同适应性措施比例

单位：%

适应性措施分类	河南	河北	山东	江苏	安徽	五省
采用工程类适应措施	23.4	9.9	50.1	61.0	39.3	37.3
新建	8.9	5.0	24.6	7.2	25.6	14.3
维修	16.1	5.9	42.9	60.5	30.2	31.1
采用非工程类适应措施	99.9	75.9	99.5	97.1	98.2	94.3
节水技术	99.8	49.7	98.4	93.7	94.8	87.5
农田管理	57.5	45.5	55.0	58.0	60.1	55.3
风险管理	25.1	26.8	56.6	32.5	59.2	40.1
采取任何一类措施	99.9	79.0	99.9	99.0	98.2	95.4
同时采用两类措施	23.4	6.8	47.6	60.1	39.0	35.4

数据来源：根据调查数据整理，包括2 569×3个样本。

根据显示数据我们可以得出以下结论。

第一，从整体来看，黄淮海地区五省农户几乎会采用工程类适应措施或非工程类适应措施（95.4%），而同时采用这两类措施的农户比例只占到35.4%。其中，江苏省农户同时采用两类措施的比例最高，达到了60.1%，而河北省农户的同时采用两类措施的比例最低，仅为6.8%。

第二，不管从整体还是各省数据来看，农户采用非工程类适应措施的比例都远高于采用工程类适应措施的比例。例如，从五省整体数据来看，农户采用非工程类适应措施的比例为94.3%，而采用工程类适应措施的比例仅为37.3%，两者差异超过50%。从各省数据来看，农户采用非工程类和工程类适应措施的差别也很大，例如，河南农户采用非工程类适应措施的比例高达99.9%，而其采用工程类适应措施的比例仅为23.4%，两者差异高达76.5%。河北省农户两类措施的差异也超过60%。其他三省农户采用非工程类适应措施的比例也高于采用工程类适应措施的比例。由此可见，相比工程类适应措施成本投入高、集体参与度高的特点，农户更愿意采用投入较少、采用门槛低的非工程类适应措施。

第三，农户对工程类适应措施的采用以维修为主，五省农户平均采用比例达到 31.1%，而选择新建工程类适应措施的农户比例只有 14.3%。这说明相比新建设施花费高，农户更愿意在过去已有的工程类适应措施上进行维修使用。从各省数据来看，江苏省农户采用维修工程类适应措施的比例高达 60.5%，其中大多数是维修排灌水沟渠。

第四，关于非工程类适应措施，农户采用节水技术的比例最高，为 87.5%；其次是农田管理措施，农户采用比例为 55.3%；风险管理措施的采用比例最低，为 40.1%。不同省的农户采用各种非工程类适应措施的比例也存在较大差异。

4.5.2　工程类适应措施采用统计

表 4-3 报告了在三年内（2010—2012 年）黄淮海地区农户关于工程类适应措施的采用情况。从总体来看，采用维修工程类适应措施的比例（32.3%）显著高于采用新建工程类适应措施的比例（6.3%）。原因在于新建工程措施往往工程量大且投入成本高，因此农户采用的可能性很小。在维修工程措施中，维修水泵和排灌水沟渠的采用比例最高，分别达到 18.4% 和 12.7%；其次为排灌站和机井，维修比例分别达到 6.4% 和 4.4%，而水库、水窖、池塘等其他工程类适应措施的维修比例还不到 1%。在新建工程措施中，机井和水泵的新建和购买比例仅为 3% 和 2.3%，而其他工程措施的新建比例还不到 1%。

表 4-3　三年内工程类适应措施采用情况（2010—2012 年）

工程类适应措施类型	地块数（个）	地块比例（%）
新建	482	6.3
机井	228	3.0
水泵	179	2.3
排灌水沟渠	72	0.9
排灌站	9	0.1
水库、水窖、池塘及其他措施	8	0.1
维修	2 493	32.3
机井	341	4.4
水泵	1 424	18.4

（续）

工程类适应措施类型	地块数（个）	地块比例（％）
排灌水沟渠	976	12.7
排灌站	493	6.4
水库、水窖、池塘及其他措施	71	0.9

数据来源：根据调查数据整理，包括 2 569×3 个地块样本。

表 4-4 描述了农户为应对干旱和洪涝等极端天气事件采取工程类适应措施的比例。从表中的统计结果可以看出。

表 4-4　农户应对干旱和洪涝采用工程类适应措施比例

单位:％

受灾及年份类型	新建					维修				
	机井	水泵	排灌水沟渠	排灌站	水库、水窖、池塘及其他措施	机井	水泵	排灌水沟渠	排灌站	水库、水窖、池塘及其他措施
干旱										
受灾年	2.6	2.9	0.3	0.1	0.2	5.6	17.0	10.7	4.9	1.1
正常年	3.2	1.3	0.5	0.2	0.2	4.4	16.3	10.7	4.9	1.1
平均	2.9	2.1	0.4	0.1	0.2	5.0	16.6	10.7	4.9	1.1
洪涝										
受灾年	0.9	1.7	4.9	0.0	0.0	2.9	23.2	18.7	10.3	0.3
正常年	1.3	2.6	1.7	0.0	0.0	2.6	23.2	18.0	10.4	0.6
平均	1.1	2.2	3.3	0.0	0.0	2.8	23.2	18.4	10.4	0.4

注：样本县中有 11 个县遭受干旱灾害，且 2011 年为受灾年，2012 年为正常年。有 4 个县遭受洪涝灾害，其中 3 个县 2012 年为受灾年，2011 年为正常年，1 个县 2011 年为受灾年，2012 年为正常年（表 3-1）。

第一，从总体来看，农户在受灾年采用工程类适应措施的比例高于正常年。例如，针对干旱样本而言，受灾年新建工程类适应措施的采用比例（6.1％）要高于正常年（5.4％）；受灾年维修工程类适应措施比例（27.6％）要高于正常年（25.6％）。

第二，不管是新建或维修机井，针对干旱样本农户的采用比例显著高于针对洪涝样本农户的采用比例。这说明在干旱发生时，机井的灌溉作用较为明显。

第三，关于水泵、排灌水沟渠和排灌站，干旱样本农户的采用比例明显低于洪涝样本农户。例如，针对洪涝样本农户，维修水泵、排灌水沟渠和排灌站的平均比例达到了 23.2％，18.4％和 10.4％，显著高于干旱样本农户中这三类措施的平均采用比例（16.6％，10.7％和 4.9％）。说明农户常常利用水泵、排灌水沟渠和排灌站应对洪涝灾害。

4.5.3　节水技术适应措施采用统计

表 4-5 显示，三年内（2010—2012 年），节水技术的普及率很高，农户采取节水技术的比例达到了 87.5％。其中，地面管道和秸秆覆盖/还田是农户采用的最主要的两种节水技术，其采用比例分别为 60.6％和 60.5％。畦灌和免耕/少耕技术的采用比例也超过了 40％。除此之外，平整土地和采用抗旱品种节水技术的采用比例也均达到了 10％以上。然而，其他节水技术的采用的比例较低，甚至没有农户会选择滴灌/微灌的节水技术。

表 4-5　三年内各种节水技术措施采用情况（2010—2012 年）

节水技术类型	地块数（个）	地块比例（％）
畦灌	3 217	41.7
沟灌	254	3.3
平整土地	819	10.6
地面管道	4 672	60.6
地下管道	315	4.1
渠道防渗	210	2.7
喷灌	60	0.8
滴灌/微灌	0	0.0
地膜覆盖	103	1.3
免耕/少耕	3 103	40.3
秸秆覆盖/还田	4 659	60.5
化学药剂	20	0.3
间歇灌溉	115	1.5
采用抗旱品种	954	12.4
共计	6 746	87.5

数据来源：根据调查数据整理，包括 2 569×3 个样本地块。

表 4-6 对农户为应对干旱和洪涝等极端天气事件时采取节水技术措施的比例进行了描述性统计分析。从表中的统计结果可以看出。

表 4-6　农户应对干旱和洪涝采用节水技术措施比例

单位:%

年份类型	共计	畦灌	沟灌	平整土地	地面管道	地下管道	渠道防渗	喷灌	地膜覆盖	免耕/少耕	秸秆覆盖/还田	化学药剂	间接灌溉	采用抗旱品种
干旱														
受灾年	88.1	40.2	1.4	10.1	72.1	0.2	2.7	0.1	1.3	41.5	57.2	0.1	0.9	4.6
正常年	88.1	40.3	1.4	10.1	72.1	0.2	2.7	0.1	1.3	41.6	57.2	0.1	0.9	4.6
平均	88.1	40.2	1.4	10.1	72.1	0.2	2.7	0.1	1.3	41.6	57.2	0.1	0.9	4.6
洪涝														
受灾年	85.8	45.7	8.3	12.0	29.2	14.5	2.8	2.6	1.5	36.7	69.5	0.7	3.2	33.8
正常年	86.2	45.9	8.6	12.0	29.5	14.7	2.8	2.6	1.5	36.7	69.5	0.6	3.2	33.7
平均	86.0	45.8	8.4	12.0	29.3	14.6	2.8	2.6	1.5	36.7	69.5	0.7	3.2	33.7

注:样本县中有 11 个县遭受干旱灾害,且 2011 年为受灾年,2012 年为正常年。有 4 个县遭受洪涝灾害,其中 3 个县 2012 年为受灾年,2011 年为正常年,1 个县 2011 年为受灾年,2012 年为正常年(表 3-1)。

第一,从总体来看,遭受干旱灾害的农户所采用的节水技术措施比例(88.1%)要略高于遭受洪涝灾害的农户(86%)。

第二,无论是遭遇干旱还是洪涝灾害,农户在受灾年采用节水技术的比例与正常年的相差无几。针对干旱样本而言,受灾年的采用比例与正常年的相同(88.1%)。针对洪涝样本而言,受灾年的采用比例(85.8%)与正常年的(86.2%)没有明显差别。

第三,由于遭受干旱和洪涝灾害的农户样本不同,因此农户在选择采用不同种类的节水技术上会有所差别。针对遭受过干旱灾害的农户,采用比例最高的节水技术是地面管道(72.1%),秸秆覆盖/还田(57.2%)、免耕/少耕(41.6%)、畦灌(40.2%)和平整土地(10.1%)的采用比例也较高,而农户采用其他节水技术的概率普遍较低,采用比例均不到 10%。针对遭受洪涝灾害的农户,采用比例最高的节水技术是秸秆覆盖/还田(69.5%),此外畦灌(45.8%)、免耕/少耕(36.7%)、采用抗旱品种(33.7%)、地面管道(29.3%)、地下管道(14.6%)和平整土地(12.0%)的采用比例也较高。

4.5.4　农田和风险管理措施采用统计

农户采用农田管理类和风险管理类的具体措施的采用比例见表 4-7。

从整体来说，采用农田管理措施的地块比例为 55.3%。具体来看，补种（苗）是农户采用最多的措施，其采用比例达到 28.4%。调整播种或收获日期、扶苗定苗洗苗、调整作物品种和调整生产要素投入的措施采用比例也分别达到 18.2%、13.7%、10.4% 和 10.1%。除此之外，农户对调整排灌强度、调整灌溉时间、施肥时间措施的采用比重相对较小。

表 4-7　2010—2012 年农田管理和风险管理措施采用情况

管理措施类型	地块数（个）	地块比例（%）
农田管理措施	4 262	55.3
调整作物品种	798	10.4
调整播种或收获日期	1 400	18.2
补种（苗）	2 188	28.4
扶苗定苗洗苗	1 054	13.7
调整生产要素投入	780	10.1
调整排灌强度	400	5.2
调整灌溉时间	74	1.0
调整施肥时间	176	2.3
风险管理措施	3 094	40.1
参加农业保险	3 040	39.4
调整种植结构	74	1.0

数据来源：根据调查数据整理，地块样本数为 2 569×3。

从整体来说，采用风险管理措施的地块数为 3 094 个，比例达到 40.1%。其中，参加农业保险的比例占到 39.4%，而仅有 1% 的地块会被农户选择调整作物结构。

表 4-8 对农户为应对干旱和洪涝等极端天气事件时采用农田管理措施的比例进行了描述性统计分析。从表中的统计结果可以看出。

第一，总体来讲，农户在灾害年采用农田管理措施的比例显著高于正常年。例如，针对干旱灾害样本，农户在受灾年采用农田管理措施的比例为 64.7%，正常年采用比例为 49.7%；针对洪涝灾害样本，农户在受灾年采用农田管理措施比例为 57.5%，正常年采用这一比例为 34.5%。然而，从表中可以看出，过去遭受干旱的农户采用补种（苗）措施的比例反而是在正常年高（39.5%），在旱灾年低（36.8%）。产生这一现象的原因是如果地块遭受旱灾，农户可能认为补种（苗）等农田管理方式无济于事，因此放弃补种措施。这一现象也从侧面反映了农户的种粮积极性较低。

第二，从总体来看，遭受干旱灾害的农户所采用的农田管理措施比例（57.2%）要略高于遭受洪涝灾害的农户（46.0%）。

第三，值得注意的是，关于调整播种或收获日期变量的测定是：与正常年相比，受灾年的播种或收获日期是否有变化。因此，默认正常年没有调整，表中正常年农户调整播种或收获日期的比例为0.0。

表4-8 农户应对干旱和洪涝采用农田管理措施比例

单位:%

年份类型	共计	调整作物品种	调整播种或收获日期	补种（苗）	扶苗定苗洗苗	调整生产要素投入	调整排灌强度	调整施肥时间	调整灌溉时间
干旱									
受灾年	64.7	9.5	32.8	36.8	18.9	11.7	6.4	1.1	2.4
正常年	49.7	8.9	0.0	39.5	16.8	11.7	2.2	1.1	2.3
平均	57.2	9.2	16.4	38.1	17.8	11.7	4.3	1.1	2.4
洪涝									
受灾年	57.5	7.5	35.6	23.7	16.5	24.7	14.5	2.0	3.0
正常年	34.5	6.8	0.0	22.8	16.5	24.7	7.3	2.0	3.0
平均	46.0	7.2	17.8	23.2	16.5	24.7	10.9	2.0	3.0

注：样本县中有11个县遭受干旱灾害，且2011年为受灾年，2012年为正常年。有4个县遭受洪涝灾害，其中3个县2012年为受灾年，2011年为正常年，1个县2011年为受灾年，2012年为正常年（表3-1）。

表4-9对农户为应对干旱和洪涝等极端天气事件时采取风险管理措施的比例进行了描述性统计分析。从表中的统计结果可以看出。

第一，针对干旱样本，农户在受灾年采用风险管理措施的比例与正常年的相比，相差无几。具体来说，农户在正常年和受灾年参与农业保险和调整作物结构的比例也几乎没有变化。

第二，针对洪涝样本，农户在受灾年采用风险管理措施的比例（69.2%）要高于正常年（58.1%）。这主要是农户参与农业保险的比例在受灾年和正常年有所不同导致的。

表 4 - 9　农户应对干旱和洪涝采用风险管理措施比例

单位：%

年份类型	共计	参与农业保险	调整作物结构
干旱			
受灾年	49.0	49.0	0.8
正常年	50.9	50.9	0.7
平均	49.9	49.9	0.8
洪涝			
受灾年	69.2	69.1	1.3
正常年	58.1	58.1	0.9
平均	63.6	63.6	1.1

注：样本县中有 11 个县遭受干旱灾害，且 2011 年为受灾年，2012 年为正常年。有 4 个县遭受洪涝灾害，其中 3 个县 2012 年为受灾年，2011 年为正常年，1 个县 2011 年为受灾年，2012 年为正常年（表 3 - 1）。

根据上述分析可以看出，黄淮海地区农户几乎都会采用工程类或非工程类适应措施以应对气候变化，且农户采用非工程类适应措施的比例远高于采用工程类适应措施。由此可见，相比工程类适应措施成本投入高、集体参与度高的特点，农户更愿意采用投入较少、采用门槛低的非工程类适应措施。

农户对工程类适应措施的采用以维修为主，其主要会选择对水泵、排灌水沟渠或排灌站，以及机井进行投资或维修。在应对极端天气事件方面，农户在受灾年采用工程类适应措施的比例要高于正常年的比例，遭受洪涝灾害的农户所采用的工程类适应措施比例也要明显高于遭受干旱灾害的农户所采用的工程类适应措施。

农户对非工程类适应措施的采用比例从高到低依次为节水技术（87.5%）、农田管理（55.3%）和风险管理措施（40.1%）。具体来说，地面管道、秸秆覆盖/还田、畦灌和免耕/少耕是采用比例最高的节水技术。农田管理措施中，采用比例最高的是补种（苗）和调整作物播种或收获日期。风险管理中农户主要以参加农业保险为主。

4.6　本章小结

本章主要基于农业生产和气象观测数据，以及大规模农户的微观调查数据，通过描述统计分析方法，从气候变化特征、粮食生产特征及种粮农户适应气候变化的适应性行为特征维度，了解黄淮海地区五省气候变化的发生趋势和粮食生产情况，进而阐明粮食生产面临的潜在气候变化风险，最后通过梳理农户采用适应气候变化相关的各类措施，初步揭示种粮农户气候变化适应性行为选择特征。研究发现包括如下内容：

首先，过去50多年中（1950—2012年），黄淮海地区气温呈明显的上升趋势，尤其近30年（1983—2012年）的气温上升幅度更快，急剧增暖现象更为突出。相比之下，年均降水量变化趋势并不明显，但是年际间波动较大。12个月份的气温和降水在不同年代都有较大程度的变化，特别是冬季增温趋势在四季中变化最为明显。此外，因旱灾和涝灾导致的农作物受灾面积和成灾面积也呈现上升趋势，且年际间波动幅度很大。

其次，过去近40年中（1978—2016年），黄淮海地区五省的粮食总产量呈明显上升趋势，粮食单产也表现出明显上升趋势，但粮食播种面积不断下降。这说明，在粮食播种面积呈现下降趋势的背景下，黄淮海地区粮食产量的增加主要依赖于粮食单产的增长。从粮食生产结构来看，黄淮海地区是我国的粮食主产区，小麦、玉米和稻谷的产量分别达到全国总产量的75%、30%和20%。河南、河北和山东主要生产小麦和玉米，江苏和安徽主要生产小麦和稻谷。

再次，长期气候变化造成粮食生产存在潜在危险。干旱和洪涝等极端天气事件发生频率不断增多，也会加剧粮食生产损失。旱灾和涝灾对粮食造成的损失随年份呈明显上升趋势，年均粮食损失率分别为3.5%和2.2%。这说明从长期来看，旱灾对粮食产量的影响程度和幅度都高于涝灾对粮食产量的影响。

最后，本书发现，黄淮海地区农户会采取不同种类的适应性措施以应对气候变化。农户对工程类适应措施的采用以维修为主，其主要会选择对水泵、排灌水沟渠或排灌站，以及机井进行投资或维修。农户对非工程类适应措施的采用比例从高到低依次为节水技术（87.5%）、农田管理（55.3%）和风险管理措施（40.1%）。具体来说，地面管道、秸秆覆盖/还田、畦灌和免耕/少耕是采用比例最高的节水技术。农田管理措施中，采用比例最高的是补种（苗）和调整作物播种或收获日期。风险管理中农户主要以参加农业保险为主。此外，农户在受灾年采用各类措施的比例都比正常年份采用的比例高。

第5章 气候变化对冬小麦和夏玉米单产影响

5.1 引言

长期气候变化和极端天气事件的发生会严重影响粮食生产。自然环境条件是农业生产的关键因素，因此，农业对气候变化和天气变化最为敏感，使农业成为最脆弱的生产部门（Mendelsohn and Dinar，1999；Schlenker et al.，2007）。事实和研究表明，气候变暖造成中国大部分地区小麦和玉米产量下降；降水量增加造成中国南方地区大米产量整体下降，相反，降水量减少导致中国西北地区小麦产量下降（Tao et al.，2008；Zhang and Huang，2012；Zhang et al.，2010）。1950—2016 年，中国因旱灾和涝灾[①]导致的年均粮食产量损失分别达到 1 630.2 万吨和 650.2 万吨，粮食损失率分别为 4.59％和 1.83％（新中国六十年年统计资料汇编，2009；中国统计年鉴，2017；中国水旱灾害公报，2017）同时，许多研究表明，未来的气候变化和极端天气将严重影响中国的粮食生产（王丹，2009；张建平等，2007；张明伟等，2011；周曙东等，2010；周文魁，2012）。

为此，许多学者研究了气候变化和粮食生产的关系。最初，大多数学者用纯自然科学的实验方法，分析气候变化和粮食作物生长机理的关系，主要有作物生长模拟模型（Ewert et al.，2015；Iizumi et al.，2009；Lobell and Burke，2010；Tao et al.，2009）和农业生态区法（FAO，1978；Seo et al.，2009；Tubiello et al.，2007；Yu et al.，2012）。然而，这些研究很难解释气候变化对社会经济的影响，很难估计应对气候变化的适应性行为（Lobell and

---

[①] 每年因涝灾粮食损失量计算方法：当年粮食单产（粮食总产量÷粮食总播种面积）×〔粮食成灾面积（农作物成灾面积÷农作物总播种面积×粮食总播种面积）×30％＋粮食受灾面积×10％〕。其中，农作物成灾面积指因灾害造成在田农作物产量损失 3 成或 3 成以上的播种面积；农作物受灾面积指因灾害造成在田农作物产量损失 1 成或 1 成以上的播种面积（中国水旱灾害公报，2017）。

Costa‐Roberts，2011；Mendelsohn et al.，1994；Schlenker et al.，2006；Seo，2014）。后来，经济学家开始利用李嘉图模型，以土地价值指标为目标函数，研究气候变化对粮食作物生产利润的影响（Mendelsohn et al.，1994；Liu et al.，2004；Wang et al.，2009；Chen et al.，2013），然而，李嘉图模型假设：降水作为农作物用水供给量的测度，没有将灌溉变量引入模型中（Schlenker et al.，2005 & 2007；Wang et al.，2009）；粮食价格和生产要素价格不变（Ashenfelter and Storchmann，2010；Deschênes and Greenstone，2007；Kelly et al.，2005）；气候变化所做出的调整是无成本的；气候变量与不可观测因素不相关，遗漏变量可能导致内生性（Schlenker and Roberts，2009）。因此，模型实证结果可能导致有偏估计（杜文献，2011；汪阳洁等，2015）。更多的经济学者利用生产函数模型分析气候变化对粮食生产的影响，多数文献主要利用省级或县级宏观数据，很少考虑村庄及农户差异的影响，也没有加入极端天气事件对粮食生产影响的分析（Chen et al.，2014；Chen et al.，2016；Holst et al.，2013；Wei et al.，2014；You et al.，2009；陈帅，2015；陈帅等，2016；崔静等，2011；黄维等，2010）。同时，关于具有明显层次性的因素如何影响农户的粮食生产的文献也较为缺乏。

在对粮食单产的影响因素研究中，村庄基础设施建设等村级集体经济的发展对保障粮食安全具有关键作用，是加快农村全面建成小康社会的重要保障（孔祥智、高强，2017；梁昊，2016）。因此，考虑不同村庄间的空间异质性非常重要。多层模型可以将单一的随机误差项分解到各数据层次上，构建与数据层次相适应的随机误差项，不仅可以反映出农户微观层面的行为选择特征对粮食单产的影响，而且可以反映出村庄区域差异对粮食单产的影响（Chen et al.，2017；麻吉亮等，2012）。

在考虑村级特征、农户社会经济特征和投入行为后，长期气候变化和极端天气事件分别对粮食生产影响的方向和程度如何，不同作物生长阶段的影响有何差别？农户粮食生产的差异是否会因村庄条件的不同而不同？基于以上研究背景和研究问题，本章利用农户面板数据，引入多层模型分析长期气候变化和极端天气事件对中国黄淮海地区冬小麦和夏玉米生产的影响，同时，考察村庄特征、农户社会经济特征和投入行为对粮食生产的影响。本章还介绍数据来源，建立具体实证模型并对数据进行描述统计；讨论模型估计结果和进行具体分析；给出研究结论和政策启示。

5.2　样本分布与实证模型

5.2.1　样本分布

本章根据第三章描述的数据来源，对数据进行筛选和处理。由于多层模型对个体测量时点的一致性要求较低，通过非平衡面板数据就可以得到有效的参数估计。因此，本章筛选数据时没有将未满三年的样本数据清除掉。所以，冬小麦总样本包括河南、河北、山东、安徽、江苏 5 个省，14 个县市，41 个乡镇，123 个村，1 216 个农户，2 261 个地块（表 5-1）。

表 5-1　冬小麦种植农户区域分布

省份	县（市）	农户数（个）	地块数（个）	受灾类型	受灾年/正常年
河南	原阳	90	167	D	2011/2012
	滑县	90	160	D	2011/2012
	永城	90	176	D	2011/2012
河北	魏县	90	164	D	2011/2012
	易县	56	93	F	2012/2011
山东	陵县	90	167	F	2012/2011
	郓城	90	174	D	2011/2012
	微山	90	159	D	2011/2012
江苏	兴化	89	160	F	2011/2012
	响水	90	171	F	2012/2011
	沛县	81	146	D	2011/2012
安徽	埇桥	90	175	D	2011/2012
	濉溪	90	172	D	2011/2012
	利辛	90	177	D	2011/2012
合计	14	1 216	2 261	—	—

数据来源：根据调查数据整理，地块样本有 2 261 个。

夏玉米总样本包括同样的 5 个省，14 个县市，40 个乡镇，117 个村，1 028 个农户，1 769 个地块（表 5-2）。其中，有 10 个县遭受旱灾，且 2011 年为灾害年，2012 年为正常年。有 4 个县遭受了涝灾，其中易县、陵县、响水三个县的涝灾年为 2012 年，相对正常年份为 2011 年；兴化的涝灾年为

2011 年，正常年为 2012 年。

表 5 - 2　夏玉米种植农户区域分布

省份	县（市）	农户数（个）	地块数（个）	受灾类型	受灾年/正常年
河南	原阳	72	128	D	2011/2012
	滑县	90	159	D	2011/2012
	永城	62	113	D	2011/2012
河北	魏县	90	164	D	2011/2012
	易县	90	162	F	2012/2011
山东	陵县	90	167	F	2012/2011
	郓城	90	172	D	2011/2012
	微山	90	159	D	2011/2012
江苏	兴化	11	12	F	2011/2012
	响水	82	89	F	2012/2011
	沛县	63	93	D	2011/2012
安徽	埇桥	67	119	D	2011/2012
	濉溪	62	106	D	2011/2012
	利辛	69	126	D	2011/2012
合计	14	1 028	1 769	—	—

数据来源：根据调查数据整理，地块样本有 1 769 个。

　　冬小麦的 12 个主要生长阶段包括出苗、三叶、分蘖、越冬、返青、起身、拔节、孕穗（挑旗）、抽穗、开花、灌浆、成熟阶段。鉴于黄淮海地区全部种植冬小麦，本书将冬小麦越冬期从营养生长期中分离出来[①]，冬小麦的整个生长周期划分为三个主要生长时期：从出苗到返青为越冬期（一般为 10 月中旬至次年 2 月中旬），从返青到抽穗为营养生长期（一般为 2 月中旬至 4 月中旬），从抽穗到成熟为生殖生长期（一般为 4 月中旬至 6 月上旬）。夏玉米 12 个主要的生长阶段包括出苗、三叶、拔节、小喇叭口、大喇叭口、抽雄、开花、抽丝、子粒形成、乳熟、蜡熟和完熟。夏玉米的整个生长周期划分为三个主要生长时期：从播种至拔节期定为营养生长期（一般为 6 月中旬至 7 月中旬，历经 20～30 天），从拔节至抽丝期为并进期（一般为 7 月中旬至 8 月中

[①]　一是越冬期是冬小麦特有的时期，也是储备能量的关键时期；二是中国气温变化具有明显的区域差异和季节性，尤其是冬季温度的变化趋势更为显著（陈帅，2015）。

旬，历经 27～30 天），从抽丝至完熟期定为生殖生长期（一般为 8 月中旬至 9 月下旬，历经 40～60 天）（付伟，2013）。

表 5-3 显示了中国黄淮海地区五省的冬小麦和夏玉米各个生长阶段的气候倾向率。总体上看，1981—2010 年，样本地区的气候变化整体表现为温度上升和降水上升。不同生长阶段温度和降水的变化幅度不一致，其中小麦越冬期增温最为明显，进一步印证了冬季增暖是四季中最显著的变化趋势（姚慧茹，2013）。玉米的整个生长周期的降水增加最为明显，说明夏季降水的增加是四季降水变化中最为显著。

表 5-3 黄淮海粮食各个生长阶段气候倾向率（1981—2010 年）

主要粮食	各个生长阶段	日均气温（℃/10a）	降水总量（cm/10a）
冬小麦	越冬期	0.519	0.115
	营养生长期	0.675	0.660
	生殖生长期	0.305	1.137
夏玉米	营养生长期	0.319	1.601
	并进期	0.153	2.250
	生殖生长期	0.229	1.229

注：数据是由样本地区 14 个小麦玉米生产县的气象观测站的气象记录构成。将每个样本县的气象变量与时间变量进行线性回归，将所有的回归系数进行加权平均得到五省每年的气候要素变化率，再乘以 10，即可得出气候倾向率。

5.2.2 实证模型与描述统计

由于粮食生产受社会经济和自然环境等综合因素的影响，本章将各种生产资料投入和经济社会制度因素纳入模型的同时，也将长期气候变量和极端天气事件等气候因素作为重要因子纳入生产函数模型，那么传统的 C-D 生产函数扩展成为 C-D-C（经济气候模型）函数（周文魁，2012；朱红根，2010），其中后一个 C 表示气候变化因素。把第三章模型（3.4）进行扩展，得到以下具体的模型形式：

$$\ln(Y_{ij}) = \beta_0 + \beta_1 C_{ij} + \beta_2 D_{ij} + \beta_3 DL_{ij} + \beta_4 \ln(I_{ij}) + \beta_5 L_{ij}$$
$$+ \beta_6 H_{ij} + \beta_7 V_{ij} + T + \mu_{0j} + \varepsilon_{ij} \qquad (5.1)$$

本书将通过模型（5.1），分别独立考察气候变化对冬小麦和夏玉米的影响。被解释变量 Y_{ij} 指的是小麦或玉米单产。从表 5-4 可以看出，农户地块的小麦和玉米的平均产量分别为每公顷 6 400 千克和 6 615 千克。

表 5-4　气候变化对粮食单产影响的变量定义及统计描述

变量名称	变量单位	小麦		玉米	
		均值	标准差	均值	标准差
被解释变量：					
粮食单产 Y	千克/公顷	6 400	1 176	6 615	1 535
解释变量：					
长期气候变量（小麦生长期）C					
越冬期日均气温 T_{wheat1}	℃	5.22	1.19	—	—
越冬期总降水量 P_{wheat1}	cm	8.40	2.89	—	—
营养期日均气温 T_{wheat2}	℃	9.67	1.47	—	—
营养期总降水量 P_{wheat2}	cm	7.64	4.05	—	—
生殖期日均气温 T_{wheat3}	℃	20.38	0.81	—	—
生殖期总降水量 P_{wheat3}	cm	8.53	2.46	—	—
长期气候变量（玉米生长期）C					
营养期日均气温 T_{corn1}	℃	—	—	26.13	0.49
营养期总降水量 P_{corn1}	cm	—	—	10.73	3.56
并进期日均气温 T_{corn2}	℃	—	—	27.12	0.41
并进期总降水量 P_{corn2}	cm	—	—	16.95	2.74
生殖期日均气温 T_{corn3}	℃	—	—	23.33	1.20
生殖期总降水量 P_{corn3}	cm	—	—	16.93	3.20
极端天气事件 D					
县是否遭受洪涝灾 D_F	1=是；0=否	0.09	0.28	0.08	0.27
县是否遭受旱灾 D_D	1=是；0=否	0.25	0.43	0.25	0.43
地块是否遭受洪涝 DL_F	1=是；0=否	0.03	0.16	0.16	0.36
地块是否遭受干旱 DL_D	1=是；0=否	0.41	0.49	0.36	0.48
地块是否遭受连阴雨 DL_R	1=是；0=否	0.08	0.26	0.04	0.19
地块是否遭受风灾 DL_W	1=是；0=否	0.08	0.27	0.16	0.37
地块特征变量 L					
耕地面积 L_1	公顷	0.21	0.18	0.19	0.13
耕地地形 L_2	1=平地；0=山地	0.98	0.14	0.06	0.24
低质量地块 L_{31}	1=是；0=否	0.11	0.31	0.12	0.33

（续）

变量名称	变量单位	小麦		玉米	
		均值	标准差	均值	标准差
中质量地块 L_{32}	1＝是；0＝否	0.70	0.46	0.67	0.47
高质量地块 L_{33}	1＝是；0＝否	0.19	0.39	0.21	0.41
要素投入 I					
化肥 I_1	元/公顷	2 863.29	1 246.98	2 442.79	1 063.44
农药 I_2	元/公顷	331.24	263.68	472.71	321.17
机械 I_3	元/公顷	1 678.38	577.16	1 248.26	800.56
劳动力 I_4	劳动日/公顷	36.26	34.52	60.90	63.69
灌溉用水量 I_5	立方米/公顷	1 760.88	1 753.53	1 730.09	2 279.84
农户家庭特征变量 H					
生活耐用品价值 H_1	千元	9.67	19.24	9.86	19.48
户主受教育程度 H_2	年份	6.91	3.19	6.93	3.11
是否有家庭成员在过去三年接受生产技术培训 H_3	1＝是；0＝否	0.27	0.45	0.24	0.42
村级特征变量 V					
所在村庄是否有排灌基础设施 V_1	1＝是；0＝否	1.00	0.07	0.98	0.14
所在村庄灌溉面积与耕地面积之比 V_2	％	83.72	23.86	83.07	28.02
所在村庄是否有农资店 V_3	1＝是；0＝否	0.74	0.44	0.72	0.45
时间虚变量：					
2011 年 T_{2011}	1＝是；0＝否	0.33	0.47	0.33	0.47
2012 年 T_{2012}	1＝是；0＝否	0.33	0.47	0.33	0.47
观测值数量	—	6 749		5 212	

本书考察的长期气候变量 C 包括过去近 30 年（1981—2010 年）日均气温和降水量。从表 5-4 可以看出，冬小麦越冬期的日均气温只有 5.22℃，在生殖期的日均气温达到 20.38℃。夏玉米不同生长期内的日均温度都达到 20℃以上，不同生长期的降水量也超过 100 毫米。

本书另外一个气候指标为极端天气事件变量，包括县级灾害变量 D 和农户地块灾害变量 DL。县级自然灾害虚变量包括两个，分别为是否该年发生旱

灾 D_D（是＝1；否＝0）和是否该年发生洪涝灾 D_F（是＝1；否＝0）。在三年内，小麦县遭受旱灾的比例为 24.7％，遭受涝灾的比例只有 8.6％。玉米县遭受旱灾的比例为 25.1％，遭受涝灾的比例也仅有 8.2％。农户地块遭受自然灾害较多，主要包括四个变量，即干旱 DL_D、洪涝 DL_F、连阴雨 DL_R 和风灾 DL_W。在三年内，种植小麦的农户地块中，遭受干旱比例高达 40.5％，遭受连阴雨或风灾比例在 7％~8％，而遭受洪涝比例只有 2.7％，说明干旱是农户小麦种植过程中面临的最大自然风险。种植玉米的农户地块，遭受干旱比例为 36％，遭受风灾和洪涝比例达到 16％和 15.5％，说明在玉米生长过程中，旱灾为最大的自然风险，风灾和洪涝的风险不可小觑。

农户拥有土地的地块特征变量包括该地块的耕地面积 L_1、耕地地形 L_2 和耕地质量 L_3。从表 5-4 中可以看出，农户拥有的小麦和玉米耕地面积平均仅为 0.21 公顷和 0.19 公顷，说明我国户均耕地面积较少，且地块相对细碎和分散。耕地地形都是以平地为主，只有不到 3％和 5％的农户会选择在山地上种植小麦和玉米。耕地质量分为三组，分别是低质量地块、中等质量地块和高质量地块。与同村土地整体质量相比，调查数据中的大多数土地地块（70％）质量为中等，低质量地块占到 11％~12％，高质量地块占到 20％。

要素投入变量包括化肥 I_1、农药 I_2、机械 I_3 的资本投入，以及劳动力 I_4 投入和灌溉用水量 I_5。其中，小麦和玉米的化肥投入最高，每公顷分别为 2 863.29元和 2 442.79 元。其次为机械作业费用，分别为 1 678.38 元和 1 248.26元，而小麦和玉米劳动力投入分别为 36.26 和 60.90 劳动日。可以看出，机械和劳动力有替代关系，当小麦花费的机械费用高时，劳动力投入相对较低；当玉米花费的机械费用低时，劳动力投入相对较高。小麦和玉米的灌溉用水量分别达到 1 760.88 立方米和 1 730.09 立方米，说明种植小麦和玉米的地区主要以灌溉为主，而非雨养。

农户家庭特征变量中，家庭生活耐用品价值 H_1 平均为 0.967 万元。户主的受教育程度 H_2 平均为 6.91 年，相当于初中受教育水平。农户家庭成员在三年内接受生产技术培训 H_3 的平均比例为 25％。

村级特征主要用村庄是否有排灌基础设施 V_1，村庄的灌溉面积与耕地面积之比 V_2，所在村庄是否有农资店 V_3 三个变量进行考察。从表 5-4 可以看出，村庄拥有排灌基础设施比例高达 98％以上，灌溉面积与耕地面积之比超过了 80％。所在村庄有农资店的比例也超过了 70％。

此外，时间变量 T 包括两个时间虚变量，分别为 T_{2011}（2011 年＝1，其他年份＝0）和 T_{2012}（2012 年＝1，其他年份＝0），用以控制技术进步或其他随时间变化的不可观测因素。

5.3　估计结果及分析

5.3.1　空模型估计结果

本书基于样本数据，利用极大似然估计法，对多层模型进行估计。表 5-5 为空模型的估计结果。小麦单产的组间相关系数为 0.384 且显著，表明 38.4% 的小麦单产的变异是由于所在村庄的不同所导致的，其余 61.6% 的差异来自于农户自身。玉米单产的组间相关系数为 0.238 且显著，表明 23.8% 的玉米单产的变异是由于所在村庄的不同所导致的，其余 76.2% 的差异来自于农户自身。因此，将黄淮海地区小麦和玉米单产的影响因素分为村庄和农户两个层面，采用多层模型进行估计，有助于提高参数估计结果的精确性。

表 5-5　粮食单产影响的空模型估计结果

各层方差分解	小麦农户的空模型		玉米农户的空模型	
	系数	标准差	系数	标准差
村庄层次方差（组间差异）	0.118	0.008	0.173	0.014
农户层次方差（组内差异）	0.189	0.002	0.555	0.005
组间相关系数	0.384	—	0.238	—

5.3.2　随机截距模型估计结果

根据模型（5.1），气候因素对小麦和玉米单产影响的随机截距模型估计结果见表 5-6 和表 5-7。其中，模型Ⅰ只包括了气候变化变量和时间虚拟变量；模型Ⅱ引入地块特征变量及生产要素投入变量；模型Ⅲ进一步引入村级特征变量。

表 5-6　小麦单产影响因素的模型回归结果

解释变量	模型Ⅰ	模型Ⅱ	模型Ⅲ
T_{wheat1}	0.099*** （0.032）	0.098*** （0.032）	0.115*** （0.032）
P_{wheat1}	−0.097*** （0.025）	−0.098*** （0.025）	−0.114*** （0.026）
T_{wheat2}	−0.075** （0.037）	−0.068* （0.037）	−0.098*** （0.038）

（续）

解释变量	模型 I	模型 II	模型 III
P_{wheat2}	0.06*** （0.021）	0.057*** （0.021）	0.073*** （0.022）
T_{wheat3}	0.05 （0.033）	0.045 （0.032）	0.059* （0.032）
P_{wheat3}	−0.004 （0.015）	0.003 （0.015）	−0.002 （0.014）
D_F	0.064*** （0.01）	0.063*** （0.01）	0.066*** （0.01）
D_D	−0.04*** （0.011）	−0.041*** （0.011）	−0.043*** （0.011）
DL_F	−0.076*** （0.015）	−0.074*** （0.015）	−0.073*** （0.015）
DL_D	−0.094*** （0.006）	−0.092*** （0.006）	−0.092*** （0.006）
DL_R	−0.158*** （0.01）	−0.161*** （0.009）	−0.16*** （0.009）
DL_W	−0.09*** （0.009）	−0.086*** （0.009）	−0.087*** （0.009）
T_{2011}	0.037*** （0.01）	0.036*** （0.009）	0.04*** （0.009）
T_{2012}	−0.044*** （0.006）	−0.044*** （0.006）	−0.044*** （0.006）
L_1	—	0.006 （0.015）	0.005 （0.015）
L_2	—	−0.01 （0.016）	−0.009 （0.016）
L_{32}	—	0.06*** （0.007）	0.06*** （0.007）
L_{33}	—	0.083*** （0.009）	0.083*** （0.009）
$\ln(I_1)$	—	0.007 （0.005）	0.007 （0.005）
$\ln(I_2)$	—	−0.001 （0.002）	−0.002 （0.002）
$\ln(I_3)$	—	0.002 （0.006）	0.002 （0.006）
$\ln(I_4)$	—	−0.016*** （0.004）	−0.016*** （0.004）
$\ln(I_5)$	—	0.004*** （0.001）	0.004*** （0.001）
H_1	—	0.000 1 （0.000 1）	0.000 1 （0.000 1）
H_2	—	0.002** （0.001）	0.001** （0.001）
H_3	—	0.012** （0.006）	0.012** （0.006）
V_1	—	—	0.237*** （0.049）
V_2	—	—	0.001** （0.000 3）
V_3	—	—	0.014 （0.022）
Constant	8.38*** （0.426）	8.35*** （0.423）	7.99*** （0.416）
村庄层面方差 σ_μ^2	0.11 （0.007）	0.11 （0.007）	0.10 （0.007）
农户层面方差 σ_ϵ^2	0.18 （0.002）	0.18 （0.002）	0.18 （0.002）
Log likelihood	1 857.33	1 929.37	1 944.01
AIC	−3 680.66	−3 800.74	−3 824.01

注：*、**、***分别表示在10%、5%及1%的水平上显著，下同。

从表 5-6 可以看出，在模型整体拟合上，模型Ⅱ相比模型Ⅰ具有优势，其中，似然函数比率 $LR = -2 [\ln (\text{likelihood}_2) - \ln (\text{likelihood}_1)] = 144.08$，大于 $\chi^2_{0.01}(12) = 26.22$，卡方检验结果显著；根据信息准则，AIC 值越小，表示模型整体拟合越好。模型Ⅱ的 AIC $= -3\,800.74$，小于模型Ⅰ的 AIC $= -3\,680.66$。同样，模型Ⅲ相比模型Ⅱ具有优势，其中，似然函数比率 $LR = -2 [\ln (\text{likelihood}_2) - \ln (\text{likelihood}_1)] = 29.28$，大于 $\chi^2_{0.01}(3) = 11.34$，卡方检验结果显著；同时，模型Ⅲ的 AIC $= -3\,824.014$，小于模型Ⅱ的 AIC $= -3\,800.74$，说明模型Ⅲ的结果较好。观察分析表 5-6 回归结果，可以得出以下基本结论。

第一，小麦单产的异质性不仅受地块特征、农户特征及生产要素投入的影响，而且受到所在村庄差异的影响。例如，引入解释变量后，村庄层面方差 $\sigma_\mu^2 = 0.103$（模型Ⅲ），小于没有引入解释变量的情形（空模型中 $\sigma_\mu^2 = 0.118$）（表 5-5）。这说明村级排灌基础设施、村庄灌溉比例、村庄拥有农资店等村级社会经济因素可以解释小麦单产在社区层次变异的 12.7%[①]。

第二，长期气候变化对小麦单产的影响随着小麦生长阶段的不同而不同。越冬阶段，平均气温的上升会显著促进小麦增产；在营养生长阶段，平均气温的上升却显著导致小麦减产。这说明在冬季，适当增温会对冬小麦产量增加有积极作用，但是春季增温会导致冬小麦减产，这一结果与一些学者研究一致（Xiao et al.，2010；史印山等，2008），原因可能是由于生育期的缩短，以及变暖促使冬小麦有效分蘖的增加（Kobata and Uemuki，2004；Dofing and Knight，1992）。

第三，极端天气事件的发生对小麦单产具有显著的负面作用。县级层面的旱灾发生对小麦单产的影响显著为负。这个结果表明在保持其他因素不变时，县级层面旱灾发生会造成小麦单产下降 4%～4.3%。相反，县级层面涝灾可以增加小麦单产，可能原因是涝灾带来的雨水在一定程度上补充了小麦生长所需的用水量。此外，所有的农户地块层面发生的灾害，包括干旱、洪涝、连阴雨和风灾都会导致小麦单产显著降低，且与县级灾害相比，地块灾害对小麦单产带来的负面影响更大。例如，保持其他因素不变，相比于其他年份而言，地块连阴雨的发生会导致小麦减产比例高达 16%；地块层面的干旱、洪涝和风

---

① 计算公式为：$\dfrac{\sigma_\mu^2(\text{空模型}) - \sigma_\mu^2(\text{现模型})}{\sigma_\mu^2(\text{空模型})} = \dfrac{0.118 - 0.103}{0.118} = 0.127$

灾也会导致小麦分别减产9.4%、7.6%和9%。

第四，农户的生产要素投入会显著影响小麦单产。从表5-6第19~23行可以看出，在其他要素投入不变的情况下，各要素的生产弹性为：化肥为0.007，农药为-0.002，机械为0.002，劳动力为-0.016，灌溉为0.004。其中，劳动力产出弹性为负且显著，这一结论与以往的经验研究相吻合（Nguyen et al.，1996；许庆等，2011）。可能原因是，一方面劳动力投入与机械投入存在显著的替代关系，会引发多重共线性，导致劳动力产出弹性的估计值经济意义不合理；另一方面说明农业生产中的剩余劳动力过多。分散、有限的耕地面积会导致农村劳动力剩余，再加上劳动力在市场上没有完全流动，因此，提高劳动力质量比提高数量对粮食产量和农民收入更有利。另外，灌溉用水会显著促进小麦单产的提高，即每增加1%的灌溉用水量，小麦单产仅增加0.004%，说明灌溉用水缺乏弹性。

第五，农户和村庄的社会经济特征对小麦单产具有显著影响。估计结果表明，在其他因素保持不变时，农户受教育程度和农户接受生产技术培训对小麦单产具有显著促进作用。村级排灌基础设施及灌溉面积与耕地面积之比也会显著增加小麦单产。例如，农户所在村拥有排灌基础设施，小麦单产会增加23.7%；当灌溉比例增加1%时，小麦单产的增加比例为0.1%。

表5-7 玉米单产影响因素的模型回归结果

解释变量	模型Ⅰ	模型Ⅱ	模型Ⅲ
T_{corn1}	-0.167 (0.111)	-0.158 (0.107)	-0.215** (0.107)
P_{corn1}	-0.023** (0.011)	-0.013 (0.01)	-0.013 (0.011)
T_{corn2}	0.533*** (0.181)	0.427*** (0.173)	0.446*** (0.173)
P_{corn2}	-0.016* (0.009)	-0.012 (0.008)	-0.015* (0.008)
T_{corn3}	-0.083*** (0.03)	-0.047 (0.03)	-0.053* (0.03)
P_{corn3}	-0.017 (0.012)	-0.013 (0.012)	-0.015 (0.012)
D_F	-0.142*** (0.043)	-0.138*** (0.043)	-0.156*** (0.043)
D_D	-0.127*** (0.041)	-0.13*** (0.041)	-0.137*** (0.04)
DL_F	-0.224*** (0.027)	-0.219*** (0.026)	-0.222*** (0.026)
DL_D	-0.136*** (0.019)	-0.141*** (0.019)	-0.132*** (0.019)
DL_R	-0.122*** (0.042)	-0.127*** (0.042)	-0.129*** (0.042)
DL_W	-0.098*** (0.023)	-0.101*** (0.023)	-0.107*** (0.023)

（续）

解释变量	模型Ⅰ	模型Ⅱ	模型Ⅲ
T_{2011}	0.149*** (0.036)	0.149*** (0.035)	0.154*** (0.035)
T_{2012}	0.151*** (0.021)	0.147*** (0.021)	0.146*** (0.021)
L_1	—	0.108 (0.069)	0.092 (0.069)
L_2	—	0.001 (0.047)	−0.049 (0.048)
L_{32}	—	0.114*** (0.024)	0.11*** (0.024)
L_{33}	—	0.147*** (0.028)	0.146*** (0.028)
$\ln (I_1)$	—	−0.006 (0.01)	−0.007 (0.01)
$\ln (I_2)$	—	0.032*** (0.008)	0.026*** (0.008)
$\ln (I_3)$	—	0.009 (0.007)	0.007 (0.007)
$\ln (I_4)$	—	−0.036*** (0.013)	−0.035*** (0.013)
$\ln (I_5)$	—	0.018*** (0.003)	0.017*** (0.003)
H_1	—	0.001* (0.000 4)	0.001* (0.000 4)
H_2	—	0.003 (0.003)	0.003 (0.003)
H_3	—	0.033 (0.021)	0.033 (0.02)
V_1	—	—	0.545*** (0.109)
V_2	—	—	0.000 1 (0.000 6)
V_3	—	—	0.051 (0.035)
Constant	1.45 (2.052)	2.68 (1.977)	3.42* (1.954)
村庄层面方差 σ_μ^2	0.15*** (0.013)	0.14*** (0.012)	0.14*** (0.012)
农户层面方差 σ_ε^2	0.54*** (0.005)	0.54*** (0.005)	0.54*** (0.005)
Log likelihood	−4 281.32	−4 231.07	−4 215.16
AIC	8 596.64	8 520.14	8 494.33

注：＊、＊＊、＊＊＊分别表示在 10%、5% 及 1% 的水平上显著。

　　表 5-7 反映了气候变化，以及农户、村级特征对玉米单产的影响。根据似然函数比和信息准则 AIC 指标可以看出，模型Ⅲ更加具有优势。此外，其实证结果与表 5-6 相似，但也有所不同，具体表现如下。

　　第一，玉米单产的异质性同样受到所在村庄差异的影响。例如，引入解释变量后，村庄层面方差 $\sigma_\mu^2 = 0.14$（模型Ⅲ），小于没有引入解释变量的情形（空模型中 $\sigma_\mu^2 = 0.173$）。说明村级排灌基础设施、村庄灌溉比例、村庄拥有农资店等村级社会经济因素可以解释玉米单产在社区层次变异的 20.2%。

第二，长期气候变化对玉米单产的影响随着生长阶段的不同而不同。在并进期，平均气温的上升会显著促进玉米增产；而在生殖生长期，平均气温的上升会导致玉米减产。在并进期，降水量增加会显著提高玉米产量，然而在营养生长期，降水量增加会使玉米产量显著降低。产生的原因是在营养生长期内，降水量过多会影响玉米光合作用与干物质积累，导致产量降低（付伟，2013）。

第三，极端天气事件的发生对玉米单产都具有显著的负面作用。在保持其他因素不变时，县级层面的旱灾和涝灾的发生会造成玉米单产幅度分别下降12.7%～13.7%和13.8%～15.6%。农户地块层面发生的自然灾害造成玉米单产损失更为严重，洪涝、干旱、连阴雨和风灾分别会导致其单产下降幅度高达22%、13%、10%和10%。

第四，农药投入和灌溉用水量会显著促进玉米单产的增加。在其他要素保持不变的情况下，每增加1%的农药和灌溉用水量投入，玉米单产会分别提高0.028%和0.018%。

5.4　本章小结

本书基于2010—2012年农户地块层面的6 749个小麦样本和5 212个玉米样本数据，利用多层模型，主要分析长期气候变化和极端天气事件对中国黄淮海地区小麦和玉米单产的影响，同时考察了村庄特征、农户社会经济特征和投入行为，以及地块特征等对粮食生产的影响。研究结论和政策启示如下。

第一，粮食单产存在显著的空间异质性，即粮食单产的异质性不仅受地块特征、农户社会经济特征及生产要素投入的影响，而且还受到所在村庄差异的影响。此外，农村排灌基础设施建设会显著促进粮食单产的提高。因此，在我国统分结合的双层经营体制下，为保证粮食生产与粮食安全，不仅要强调农户的生产经营，而且要加强并推动农村集体经济的发展，尤其是将排灌基础设施建设作为重点。

第二，长期气候变化对黄淮海地区冬小麦和夏玉米单产的影响随着其生长阶段的不同而不同。关于冬小麦，越冬阶段平均气温的上升会显著促进小麦增产；在营养生长阶段，平均气温的上升却显著导致小麦减产。因此，在气候变暖的背景下，应该有效调整冬小麦播种时间，减缓冬季前生长发育速度，选用具有高抗性的新型冬小麦品种，以适应气候变化。关于夏玉米，在并进期，平均气温的上升会显著促进玉米增产；在生殖生长期，平均气温的上升却会导致玉米减产。总体来看，黄淮海地区玉米对气候变暖是逐步适应，因此可以通过选育生育期长和耐热的玉米品种和改进栽培措施来适应气候变暖，从而提高产量（陆伟婷，2015）。

第三，极端天气事件的发生会显著降低粮食单产，其负面影响程度比长期气候变化影响更大。此外，比起县级层面，地块层面发生的极端天气事件导致粮食减产的幅度更大。因此，各级政府应该建立和完善应对自然灾害的服务体系，例如，运用现代信息技术改进农情监测网络，以加强农业灾害监测、预报、预警能力，及时提供和宣传灾害预警和应对信息；针对不同地块提供相应的防治灾害农业技术指导和财力物力支持。这些服务体系的建立和完善可以帮助和鼓励农户采取应对气候变化的适应性行为，比如选择更优质的高抗性作物品种，加强排灌力度等，以应对极端天气。

第6章 农户采用工程类适应措施决定因素及效果①

6.1 引言

　　农田水利设施作为农业生产的基础性工程设施，直接影响国家的粮食安全和社会稳定，然而目前中国的农田水利设施的建设仍有待完善。Mabry (1996) 通过案例研究证明，全世界 1/3 的粮食丰收归功于小型农田水利工程，水利工程的投资对农业发展起到至关重要的作用。Berbel and Gomez‐Limon (2000) 认为，提高粮食产量的优先选择在于改善灌溉工程质量，促进工程类灌溉措施的有效利用。新中国成立以来，我国在农田水利设施的投资从 1958 年的 7 亿元上升到 2016 年的 367 亿元。虽然投资有所增加，但相对于其他水利设施投资来说，农田水利设施的投资力度并不大（国家水利部，2017）。同时，由于农田水利设施的准公共物品性质，导致目前中国农村地区大量的农田水利设施严重缺乏维护和保养，设施普遍存在老化破旧等问题。截至 2009 年，全国小型农田水利工程的平均完好率仅为 50% 左右（陈煌等，2012）。因此，需要加强对农田水利等工程排灌基础设施的建设。

　　工程排灌基础设施建设的资金需求庞大，仅靠政府的财政资金投入很难满足需求，农户作为直接受益者，也应当投资投劳。因此，政府和农户应当合作加快工程类排灌基础设施的建设与维护（董海峰等，2013；刘力，2006；唐忠、李众敏，2005；吴加宁、吕天伟，2008）。目前在中国北部缺水地区，农民已经成为水泵和机井的主要投资者。在机井方面，农户的投资份额在 20 世纪 80 年代时还小于总投资额的 10%，到 21 世纪初这一比例就已经超过 80%

---

　　① 本章核心内容发表在 Australian Journal of Agricultural and Resource Economics（2018）：The a-doption and impact of engineering‐type measures to address climate change：evidence from the major grain‐producing areas in China.

（Wang et al.，2014）。

有关农田水利等工程类排灌设施的研究多集中于投入机制、产权转变、参与意愿和管护效果等方面。一是投入机制方面，夏莲等（2013）认为应当在涉农企业的带动下激励农户私人投资，从而改善我国小型农田水利设施供给困境。李志娥（2010）阐述了小型农田水利工程的公共物品的性质，认为民间资本可以成为投资小型农业工程建设的必要补充。二是产权转变方面，王金霞等（2004）和王金霞等（2008）一致认为，机井等地下水灌溉系统逐渐从集体产权转变为个体产权。三是参与意愿方面，贾小虎（2018）认为，计划行为理论在农户参与农田水利设施建设中具有很强的适用性。其他学者也从粮食补贴政策、政府宣传力度、自然灾害程度及农户社会资本与农业收入比例等方面探讨了农户参与农田水利建设意愿的影响因素（蔡起华和朱玉春，2016；孔祥智和史冰清，2008；刘辉和陈思羽，2012；刘力和谭向勇，2006；张宁，2007；朱红根等，2010）。四是管护效果方面，蔡荣（2015）以农村共用输水渠道为研究对象，实证分析认为，拥有较高社会资本的农户，其小型农田水利设施的管护效果相对较好。龙子泉等（2018）通过案例分析认为，集体制度与领导作为等通过作用于社会资本，对农田水利设施管护效果产生正向影响。

伴随着全球日益变暖及极端天气事件不断频发，农户作为投资和收益主体，开始采用工程类排灌基础设施来适应气候变化。严学勇等（2005）基于案例调研，认为水库坏损会限制水库的抗旱、防洪等功能。陈煌等（2012）利用计量模型认为，农户依靠大型中型水库或者水池来灌溉农业，不仅能显著增大农户不受灾的概率，而且能显著减低受灾减产的程度；利用水泵从附近的河、湖等水系直接提水，在抗旱过程中发挥了不可忽视的作用。这说明工程类适应措施在应对长期气候变化和自然灾害方面起到不可小觑的作用。

但遗憾的是，很少有研究分析对工程类适应措施的建造和维修是否真正是对气候变化的适应。同时，从农户角度探讨采用工程类排灌设施的影响机理（Wang et al.，2014b；吴春雅、刘菲菲，2015），以及对粮食产量、生产风险和农户净收益的效果的研究（Song et al.，2018a）也几乎没有。

因此，本章将研究农户在极端天气下采用工程类适应措施的特征，识别农户采用的工程排灌措施是否是应对气候变化的适应性措施，并根据农户的多目标效应理论，利用内生转换模型实证分析和探究农户采取工程类适应措施的驱动力，使用粮食产量、产出风险和农户净收益等多种指标考察农户的适应性决策机理。为实现上述目的，本章将描述工程类适应措施的采用情况；设定实证模型和变量；实证分析工程类排灌基础设施采用的影响因素及其有效性，得出估计结果；最后提出政策建议。

6.2 样本来源与数据统计

6.2.1 样本来源

本章所使用的数据见表 3-1。具体来说，样本数据包括河南省的原阳、滑县、永城，河北省的魏县、易县、围场，山东省的陵县、郓城、微山，江苏省的兴化、响水、沛县，以及安徽省的埇桥、濉溪、利辛县，共 5 个省，15 个县，45 个乡镇，135 个村，1 348 个农户，2 569 个地块。有 4 个县（易县、陵县、响水、兴化）在过去三年内遭受过涝灾，其中易县、陵县、响水三个县中遭受涝灾的年份为 2012 年，相对正常年份为 2011 年；兴化的涝灾年为 2011 年，正常年为 2012 年。有 11 个县份在过去三年内遭受过旱灾，且 2011 年为旱灾年，2012 年为正常年。

6.2.2 工程措施分类与统计

参考 Chen et al.（2014）和 Song et al.（2018a）对工程类适应措施的分类，为方便下一步的实证分析，本书将工程类适应措施具体划分为购买或维修水泵、新建或维修排灌水沟渠或排灌站、新建或维修机井，以及其他措施（包括水库、水窖、水坝、池塘等）。表 6-1 显示了在三年内（2010—2012 年）工程类排灌措施的采用情况。可以看出，工程类适应措施包括维修或购买水泵、维修过新建排灌水沟渠、维修或新建机井，以及其他措施。从总体来看，由于工程类适应措施的投资和维修往往需要较高成本，因此维修或新建工程措施的地块比例只有 37.3%。其中，维修或购买水泵的采用比例最高，达到了 20.7%，这与水泵用途广泛密不可分。在灌溉方面，水泵可以与机井配套抽取地下水，也可以直接抽取河水等地表水来灌溉农作物；在排水方面，当降水量过多引发洪涝时，水泵可以提高农田的排水能力。排灌水沟渠的投资比例为 15.2%，农户一般会进行渠道防渗或清理修葺排水系统等工作。维修或新建机井的比例为 7.2%，用以开发利用地下水资源。只有 1.0% 的农户会对水库、水窖和池塘等其他工程类适应措施进行投资。

工程类排灌措施由于长期提供灌溉和排水服务，需要定期重新建造和修复。也就是说，对工程类适应措施的建造和维修并不一定真正代表对气候变化的适应。然而，为了区分新建或维修工程设施是否属于适应性措施，本书考虑了两种情况：首先，在自然灾害发生阶段，维修或新建工程措施的行为最有可能被认为是适应性措施。其次，在面对面的实地采访中，课题组也询问农民是否在自然灾害发生或与长期气候变化相关的情况下采用了工程类适应性措施。因此，本书在后面的叙述中使用工程类适应措施来进行表述。

表 6 - 1　过去三年内各种工程类适应措施采用情况（2010—2012 年）

工程类排灌措施类型	地块数（个）	地块比例（％）
维修或购买水泵	1 599	20.7
维修或新建排灌水沟渠	1 173	15.2
维修或新建机井	558	7.2
其他措施	79	1.0
维修或新建工程措施共计	2 878	37.3

6.2.3　工程措施与极端天气事件

表 6 - 2 描述了农户为应对干旱和洪涝采取工程类排灌措施的比例。从表中的统计结果可以看出。

第一，从总体来看，遭受洪涝灾害的农户所采用的工程类适应措施比例要高于遭受干旱灾害的农户。针对干旱样本而言，共有 31.7％的样本地块采用了工程类排灌措施。具体来看，受灾年的采用比例（33.6％）要高于正常年（29.8％）。针对洪涝样本而言，共有 51.1％的样本地块采用了工程类排灌措施。具体来看，受灾年的采用比例（50.9％）与正常年（51.2％）相差无几。

第二，关于水泵，针对干旱样本而言，有 18.7％的样本地块选择维修或购买水泵。在受灾年采用水泵的比例（19.7％）同样要略微高于正常年（17.6％）。针对洪涝样本而言，约有 25.0％的样本地块采用了水泵进行排水。不过，在受灾年农户维修或购买水泵的比例与正常年的比例几乎没有差异。

第三，关于维修或新建排灌水沟渠，遭受涝灾的地块的采用比例（32.5％）显著高于遭受旱灾地块的采用比例（9.3％）。说明在洪涝发生时，排灌水沟渠的排水作用明显，此时农户更愿意去清理修葺或新建沟渠。

第四，农户针对旱灾维修或新建机井的比例（7.7％）显著高于针对涝灾的采用比例（3.8％）。这说明在干旱发生时，机井的灌溉作用较为明显。

第五，无论是旱灾样本还是洪涝灾样本，采用其他工程类排灌措施的概率都非常低，仅为1%左右。原因是其他措施如水库、水窖、池塘的投入成本较高，且对自然资源环境要求较高。

表 6-2 农户应对干旱和洪涝采用不同工程类适应措施比例

单位：%

年份类型	共计	维修或购买水泵	维修或新建排灌水沟渠	维修或新建机井	其他措施
干旱					
受灾年	33.6	19.7	10.1	8.1	1.2
正常年	29.8	17.6	8.5	7.4	1.3
平均	31.7	18.7	9.3	7.7	1.3
洪涝					
受灾年	50.9	25.0	32.2	3.8	0.3
正常年	51.2	25.8	32.8	3.9	0.6
平均	51.1	25.4	32.5	3.8	0.4

注：样本县中有11个县遭受干旱灾害，且2011年为受灾年，2012年为正常年。有4个县遭受洪涝灾害，其中3个县2012年为受灾年，2011年为正常年，1个县2011年为受灾年，2012年为正常年（表3-1）。

6.2.4 工程措施与粮食生产

表 6-3 描述了采用工程类适应措施与粮食单产和种粮净收益的关系。本书初步发现，第一，普遍来说，受灾年的平均粮食单产和种粮净收益均低于正常年。例如，针对遭受干旱灾害的地块样本，受灾年中采用工程类适应措施地块的平均粮食单产和种粮净收益分别为 11 673.95 千克/公顷和 13 460 元/公顷，低于正常年份的平均粮食单产 12 739.05 千克/公顷和 16 680 元/公顷。针对遭受洪涝灾害的地块样本，受灾年中未采用工程类适应措施地块的平均粮食单产和种粮净收益为 10 910.86 千克/公顷和 12 950 元/公顷，低于正常年的平均粮食单产 11 724.73 千克/公顷和 13 670 元/公顷。然而，从表中可发现，针对洪涝样本，采用工程类适应措施地块在受灾年所获得的粮食单产和净收益稍高于正常年。这一看似有违常理的结果产生的原因可能是，受灾年中农户及时采用工程类适应措施等适应性行为弥补了灾害可能导致的粮食损失。第二，采用工程类适应措施地块的粮食单产和种粮净收益均高于未采用工程类适应措施的地块。例如，针对遭受过干旱的地块，采用工程类适应措施地块的平均单产

和收益分别为每公顷 12 206.5 千克和 15 070 元，未采用工程类适应措施地块的平均单产和收益分别为每公顷 11 627.84 千克和 13 830 元。这一差别是否是由采用工程类适应措施引起的，需要进一步实证分析。

表 6-3 采用工程类适应措施与粮食单产、种粮净收益之间的统计描述

受灾年份类型	粮食单产（千克/公顷）		种粮净收益（千元/公顷）	
	采用工程类适应措施	未采用工程类适应措施	采用工程类适应措施	未采用工程类适应措施
干旱				
受灾年	11 673.95	11 192.01	13.46	12.44
正常年	12 739.05	12 063.67	16.68	15.22
平均	12 206.5	11 627.84	15.07	13.83
洪涝				
受灾年	12 840.11	10 910.86	16.54	12.95
正常年	12 603.87	11 724.73	15.94	13.67
平均	12 721.99	11 317.795	16.24	13.31

注：样本县中有 11 个县遭受干旱灾害，且 2011 年为受灾年，2012 年为正常年。有 4 个县遭受洪涝灾害，其中 3 个县 2012 年为受灾年，2011 年为正常年，1 个县 2011 年为受灾年，2012 年为正常年（表 3-1）。种粮净收益中没有考虑土地成本和家庭用工折价。

6.3 模型设定与变量描述

6.3.1 模型设定

根据第三章的理论假设，本章主要对农户采取工程类适应措施的决策选择以及效果进行分析。考虑将决策模型与效果模型联立时，会出现以下问题：一是采取工程类适应措施的决定是自愿的，这样可能导致样本选择偏差问题（Hausman，1978）；二是将采取工程类适应措施作为决策变量对粮食产量、粮食产出风险和种粮净收益进行有效性分析时，可能因为遗漏变量而产生内生性问题，三是采用与未采用工程类适应措施的农户之间存在较大的异质性。因此，本书采用内生转换模型（ESRM）分析农户采取工程类适应措施的决定因素，以及其对粮食产量、粮食产出风险和种粮净收益的影响。

根据第三章提出的理论模型（3.12），本章为考察农户采取工程类适应措施的决定因素，建立具体形式的选择模型如下：

$$AE_{iht} = \alpha_0 + \alpha_1 Z_{ht} + \alpha_2 C_{ct} + \alpha_3 I_{iht} + \alpha_4 V_{vt} + \alpha_5 H_{ht} + \alpha_6 F_{iht} + \alpha_7 P + \mu_{iht}$$

$$(6.1)$$

同样，根据第三章提出的理论模型（3.13a）和（3.13b），本书为考察农户采取相应工程类适应措施与否的效果差别，设定采用工程类适应措施和未采取工程类适应措施的农户的独立结果方程模型如下：

$$Y_{1iht} = \beta_0 + \beta_1 AE_{1iht} + \beta_2 C_{1ct} + \beta_3 I_{1iht} + \beta_4 V_{1vt} + \beta_5 H_{1ht}$$
$$+ \beta_6 F_{1iht} + \beta_7 P_1 + \varepsilon_{1iht} \qquad \text{if } AE_{iht} = 1 \qquad (6.2a)$$

$$Y_{2iht} = \beta'_0 + \beta'_1 AE_{2iht} + \beta'_2 C_{2ct} + \beta'_3 I_{2iht} + \beta'_4 V_{2vt} + \beta'_5 H_{2ht}$$
$$+ \beta'_6 F_{2iht} + \beta'_7 P_2 + \varepsilon_{2iht} \qquad \text{if } AE_{iht} = 0 \qquad (6.2b)$$

其中，下标 i 和 h 分别为地块和农户，v 和 c 分别为村和县，t 为年份。α，β，β' 为参数估计向量，μ_{iht}，ε_{1iht}，ε_{2iht} 为误差项。上述模型中各个变量的定义及统计描述见表 6-4。

表 6-4　工程类适应措施模型中变量的定义与统计描述

变量	定义	平均值	标准差
被解释变量			
是否采用工程类适应措施 AE_{iht}	1＝是；0＝否	0.37	0.48
粮食产量 Y_{iht}	千克/公顷	11 869.68	3 649.65
粮食产出风险 Y_{iht}	产量方差	0.39	2.34
粮食净收益 Y_{iht}	千元/公顷	14.37	7.31
工具变量			
是否获取公共气候预警防灾信息 Z_{ht1}	1＝是；0＝否	0.1	0.29
政府是否提供应对灾害的技术、物质和资金方面的政策支持 Z_{ht2}	1＝是；0＝否	0.31	0.46
解释变量			
气候变化变量 C_{ct}：	—	—	—
长期气候变化：	—	—	—
平均气温 LCM_T	1983—2012（℃）	13.46	3.10
平均降水 LCM_P	1983—2012（mm）	721.05	179.44
极端天气事件：	—	—	—
是否为旱灾年 D_D	1＝是；0＝否	0.37	0.48
是否为涝灾年 D_F	1＝是；0＝否	0.13	0.34

（续）

变量	定义	平均值	标准差
生产要素投入 I_{iht} :	—	—	—
化肥投入 I_{iht1}	元/公顷	4 935.89	2 112.63
农药投入 I_{iht2}	元/公顷	919.51	775.58
机械作业投入 I_{iht3}	元/公顷	2 742.42	1 310.18
劳动力投入 I_{iht4}	劳动日/公顷	100.86	94.69
村级排灌条件 V_{vt} :	—	—	—
村庄是否有排灌基础设施 V_{vt1}	1=是；0=否	0.95	0.22
农户特征 H_{ht} :	—	—	—
家庭财富 H_{ht1}	家庭耐用品价值（千元）	10.38	19.57
农业收入比例 H_{ht2}	农业收入占总收入的百分比%	47.5	33.73
生产技术培训 H_{ht3}	是否参与培训（1=是；0=否）	0.31	0.46
户主性别 H_{ht4}	1=男性；0=女性	0.96	0.20
户主受教育程度 H_{ht5}	年份	6.91	3.17
户主耕地年限 H_{ht6}	年份	35.27	11.37
耕地特征 F_{iht} :	—	—	—
耕地面积 F_{iht1}	公顷	0.2	0.17
耕地地形 F_{iht2}	1=平地；0=其他	0.92	0.27
耕地是否是从他人手中转入 F_{iht3}	1=是；0=否	0.08	0.28
是否是沙土 F_{iht41}	1=是；0=否	0.28	0.45
是否是壤土 F_{iht42}	1=是；0=否	0.33	0.47
是否是黏土 F_{iht43}	1=是；0=否	0.39	0.49
省级虚变量 P	—	—	—
河南省 P_0	1=是；0=否	0.2	0.4
河北省 P_1	1=是；0=否	0.19	0.4
山东省 P_2	1=是；0=否	0.2	0.4
江苏省 P_3	1=是；0=否	0.21	0.41
安徽省 P_4	1=是；0=否	0.2	0.4

数据来源：根据调查数据整理，包括 2 569 个地块×3 年＝7 707 个观测值。

6.3.2 变量的定义与描述

6.3.2.1 选择决策变量与效果变量

AE_{iht} 表示工程类适应措施变量，具体指农户针对不同地块是否采用工程类适应措施，如果农户采取措施，用 1 来代表，否则为 0。2010—2012 年，有 37％的农户采用了工程类适应措施，其中，约一半比例（46.9％）的农户选择维修或购买水泵，34.4％比例的农户选择维修或新建排灌水沟渠，16.4％比例的农户选择维修或新建机井，少数（2.3％）投资在其他工程措施（图 6-1）。

Y_{iht} 为粮食产量、粮食产出风险和种粮净收益。其中，粮食产量表示每公顷粮食的综合产量，种粮净收益①是通过粮食的总价值减去化肥、农药、机械等生产要素的实际投入和雇工费用，以及工程类适应措施的采用成本来衡量的。表 6-4 表明，农户地块的平均粮食产量、粮食产出风险和种粮净收益分别为每公顷 11 869.68 千克，0.39 和 9 730 元。

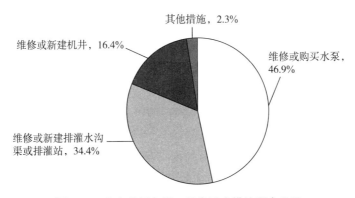

图 6-1　农户采用各类工程类适应措施所占比重

6.3.2.2　工具变量

Z_{iht} 是农户选择决策方程（6.1）中 AE_{iht} 的工具变量。本章选取两个变量作为工程类适应措施的工具变量。一是是否获取公共气候预警防灾信息 Z_{iht1}，即农户是否通过气象站发布的电视、广播、手机短信，农业技术站和各级发布的紧急灾害文件等各种传播渠道，来获取公共气候信息。二是政府是否提供应对灾害的技术、物质或资金方面的政策支持 Z_{iht2}。表 6-4 显示在 2010—2012

---

① 种粮净收益中没有考虑土地成本和人工成本中的家庭用工折价，因此本书计算得出的粮食净收益与《全国农产品成本收益资料汇编》中的粮食净收益相比较高。

年，分别有 10% 和 31% 的农户通过获取公共气候信息和技术、物质或资金支持政策来应对气候变化。

6.3.2.3 解释变量

首先，气候变化变量 C_{ct} 包括长期气候变化和极端天气事件。长期气候变化具体用过去三十年平均温度 LCM_T 和降水 LCM_P 来表示。极端天气事件变量包括两个，是否是旱灾年 D_D 或涝灾年 D_F，即县级层面在 2010—2012 年遭遇了严重干旱或洪涝。

第二，生产要素投入变量 I_{iht}，包括化肥、农药、机械所花费的成本以及劳动力投入总量（包括自身劳动力和雇佣劳动力）。表 6-4 显示，化肥、农药和机械作业的投入成本分别为平均每公顷 4 935.89 元，919.51 元和 2 742.42 元，劳动力投入为平均每公顷 100.86 劳动日。

第三，村级排灌条件 V_{vt}，具体用村庄是否有排灌基础设施 V_{vt1} 来表示。结果表明，有 95% 的村庄拥有排灌基础设施。

第四，农户特征 H_{ht} 包括以下变量：家庭财富（农户拥有的财富）H_{ht1}，以家庭耐用品价值样本农户的家庭耐用品价值平均为 10 380 元；农业收入比例 H_{ht2} 表示农户的农业收入在家庭总收入中所占的比例，结果显示平均比例为 47.5%，说明样本农户的农业收入与非农收入较为一致，各占总收入一半；生产技术培训 H_{ht3} 是指在三年内（2010—2012 年）是否有家庭成员参加了关于生产技术培训，结果显示有 31% 的农户接受了培训；H_{ht4} 表示户主性别，有 96% 的户主为男性；户主受教育程度用 H_{ht5} 表示，平均受教育年限为 6.91 年；户主耕地年限 H_{ht6} 表示农户种地经验，在应对气候变化时，有经验的农户采用工程类适应措施的可能性更大。

第五，耕地特征 F_{iht}，假设耕地特征对农户采取适应性决策，以及对粮食产量和种粮净收益都起到重要作用。本书选用以下几个变量来代表耕地特征。耕地面积 F_{iht1}，样本地块的耕地面积平均仅为 0.2 公顷，说明我国户均耕地面积小，且地块分散。用地块是否为平地来表示耕地地形 F_{iht2}。表 6-4 中显示有 92% 的耕地面积是平地，8% 是山地等其他地形。耕地是否是从他人手中转入 F_{iht3} 用来衡量耕地产权，该变量对于探索中国的土地制度和土地租赁市场非常重要。在实施土地的家庭联产承包责任制后，中国农村的大部分耕地平均分配给各个农户，从而形成了细碎分散的土地。当一些农村劳动力转移到城市时，许多耕地缺乏管理。当中国的土地租赁市场开始发展，即国家开始提倡土地流转后，闲置土地转移到更愿意耕地的农户手上，农户因此扩大了耕地规模

(Deininger and Jin，2005；Dong，1996)。然而，在样本中，只有 8% 的耕地是农户从他人手中转入的，说明农户对土地流转的积极性不高。F_{iht41} 表示土壤类型是否为沙土；F_{iht42} 表示土壤类型是否为壤土；F_{iht43} 表示土壤类型是否为黏土。

最后，本书用省级虚拟变量（省级固定效应）来控制地区因素的影响，这些因素不会随时间而改变。包括河南 P_0、河北 P_1、山东 P_2、江苏 P_3、安徽 P_4 五个省。

6.3.3 采用农户与未采用农户特征差异

表 6-5 列出了工程类适应措施的采用农户与未采用农户之间的特征差异（由于模型中只考虑两年变量，因此该表中剔除了 2010 年数据，只保留 2011 年和 2012 年数据，共计 5 138 个观测值）。从 t 值可以看出，采用者和非采用者之间在不同特征方面存在着显著差异。相比于未采用工程类适应措施的农户，采用措施的农户平均每公顷的粮食产量高出 805.24 千克，粮食产出风险低 0.34 个单位，平均每公顷种粮净收益高出 1 700 元。这些差异表明，工程类适应措施的采用在提高农业生产率方面发挥了重要作用。在政府政策方面，采用工程类适应措施的农户也比未采用措施农户所获得的气候信息及政策支持力度大。在生产要素投入方面，采用工程类适应措施的农户的投入力度明显要大。例如，采用措施者的化肥投入为每公顷 5 154.32 元，显著高于未采用措施者每公顷的化肥投入（4 808.25 元）。同理，两类人群在农药投入、机械作业投入和劳动力投入的差异分别为每公顷 371.46 元，320.27 元和 7.91 个劳动力，t 值都通过了 1% 的显著性水平。采用措施者和非采用措施者在农户社会经济特征和土地特征方面也存在着明显差异。

虽然上述比较揭示了工程类适应措施的采用农户和未采用农户在粮食产量、产出风险、种粮净收益以及要素投入等方面的差异，但是由于没有考虑到其他变量的影响，这些平均差异并不足以解释为农户适应性决策所起的作用。在下一节中，将把工程类适应措施作为选择变量，探讨农户适应性行为的效果。

表 6-5 工程类适应措施的采用农户与未采用农户特征差异检验

变量	采用措施农户	未采用措施农户	差异	t 值
粮食产量 Y_{iht}	12 377.93	11 572.69	805.24***	7.67
粮食产出风险 Y_{iht}	0.17	0.51	-0.34***	5.06

（续）

变量	采用措施农户	未采用措施农户	差异	t 值
粮食净收益 Y_{iht}	15.44	13.75	1.70***	8.08
政府是否提供气象预警防治信息 Z_{ht1}	0.12	0.08	0.05***	5.7
政府是否提供应对灾害的技术、物质和资金方面的政策支持 Z_{ht2}	0.39	0.26	0.14***	10.4
平均气温 LCM_T	14.33	12.95	1.39***	15.87
平均降水 LCM_P	797.6	676.31	121.29***	24.73
是否为旱灾年 D_D	0.33	0.39	−0.05***	−3.75
是否为涝灾年 D_F	0.19	0.1	0.08***	8.27
化肥投入 I_{iht1}	5 154.32	4 808.25	346.06***	5.68
农药投入 I_{iht2}	1 153.97	782.51	371.46***	17.02
机械作业投入 I_{iht3}	2 944.57	2 624.3	320.27***	8.51
劳动力投入 I_{iht4}	105.85	97.94	7.91***	2.89
村庄是否有排灌基础设施 V_{vt1}	0.97	0.94	0.03***	5.31
家庭财富 H_{ht1}	11.16	9.92	1.24**	2.19
农业收入比例 H_{ht2}	47.75	47.36	0.4	0.29
生产技术培训 H_{ht3}	0.45	0.23	0.22***	17.07
户主性别 H_{ht4}	0.96	0.956	0.004	0.63
户主受教育程度 H_{ht5}	7.01	6.85	0.16*	1.71
户主耕地年限 H_{ht6}	35.88	34.92	0.96***	2.93
耕地面积 F_{iht1}	0.2	0.2	0.004	0.83
耕地地形 F_{iht2}	0.97	0.89	0.08***	10.64
耕地是否是从他人手中转入 F_{iht3}	0.06	0.05	0.01*	1.69
是否是沙土 F_{iht41}	0.283	0.279	0.004	0.32
是否是壤土 F_{iht42}	0.32	0.33	−0.01	−0.65
是否是黏土 F_{iht43}	0.394	0.389	0.005	0.34

数据来源：根据调查数据整理，包括 2 569×2＝5 138 个观测值。

6.4　实证结果分析

6.4.1　工具变量的有效性

使用工程类适应措施变量来分析对粮食单产或种粮净收益的影响时，农户的选择决策可能存在内生性问题，因此首先需要检验采用工程类适应措施变量 AE_{iht} 是否为内生解释变量。根据 Hausman 检验结果来看，χ^2（1）= $(\hat{\beta}_{IV}-\hat{\beta}_{OLS})'\mathrm{Var}\,(\hat{\beta}_{IV}-\hat{\beta}_{OLS})^{-1}\,(\hat{\beta}_{IV}-\hat{\beta}_{OLS})$ = 5.89***，因此拒绝原假设 H_0 的所有解释变量均为外生变量的假设。此外，根据 Durbin - Wu - Hausman 检验结果来看，Durbin（score）χ^2（1）= 5.921***，Wu - Hausman F（1，3738）= 5.896***，进一步验证了采用工程类适应措施变量 AE_{iht} 是内生解释变量。

为此，本书选择政府是否提供气象预警防灾信息 Z_{ht1} 和政府是否提供应对灾害的技术、物质和资金的政策支持 Z_{ht2} 作为 AE_{iht} 的工具变量。首先，过度识别检验得出 Sargan（score）χ^2（1）=1.15，因此接受原假设，即工具变量不存在过度识别问题。其次，有效的工具变量会显著影响农户的适应决策，而不是直接影响作物产量。借鉴 Di Falco et al.（2011）和 Huang et al.（2015）提供的方法，如果考察工具变量对所有样本的粮食单产的影响，无法证明单产变化是由工具变量引起的还是由工程类适应措施引起的。如果只对没有采取工程类适应措施的农户样本进行分析，就可以剔除适应性行为对粮食单产的影响。从表 6-6 的检验结果可以看出，Probit 模型结果表明，政府提供灾害预警防灾信息和政府提供应对灾害的技术、物资和资金方面的政策支持，会对农户采用工程类适应措施起到显著的促进作用。粮食单产影响的混合效应 OLS 模型表明，两个工具变量对粮食单产没有显著影响。因此，本书选择政府是否提供气象预警防灾信息 Z_{ht1} 和政府是否提供技术、物质和资金方面的政策支持 Z_{ht2} 作为工具变量是有效的。

表 6-6　选择决策方程中工具变量的外生性检验

工具变量（Ⅳ）	是否采用工程类适应措施		未采用措施农户的粮食单产（对数值）	
	系数	t 值	系数	t 值
政府是否提供气象预警防灾信息 Z_{ht1}	0.274***	4.23	−0.074	−0.85
政府是否提供应对灾害的技术、物质和资金方面的政策支持 Z_{ht2}	0.098***	2.27	0.034	1.47
常数项	−2.393	−1.87	4.596***	6.64
Wald test	χ^2（26）=1 236.84***		F(26，3216)=378.12***	
观测值	5 138		3 243	

注：*** $P<0.01$。为简便起见，其他解释变量的估计结果没有报告。文中***意义相同。

对工程类适应措施的决定因素及其对粮食产量、粮食产出风险和种粮净收益的影响的估计结果分别见表6-7、表6-8和表6-9。我们首先从三张表中分析工程类适应措施采用的决定因素，进而关注粮食产量函数的估计值（表6-7）和粮食产出风险函数的估计值（表6-8），然后通过观察与粮食产量函数估计系数的差异来讨论种粮净收益函数的估计值（表6-9），从而为农民的适应决策提供一些更深层的经济解释。采用完全信息极大似然估计法的内生转换模型，在估计选择方程和不同的结果方程时都通过了沃德检验（表6-7，Wald χ^2（20）=182.51；表6-8，Wald χ^2（20）=340.24；表6-9，Wald χ^2（20）=521.62）。说明选择方程和结果方程之间存在显著的相关性，因此需要采用内生转换模型来控制内生性（Rao and Qaim，2011）。

6.4.2 工程类适应措施采用决定因素

表6-7、表6-8和表6-9的第2列列出了关于农户采取工程类适应措施的决定因素的估计结果，其表明农户应对气候变化采取工程适应性措施的驱动力。

表6-7 农户采用工程类适应措施决策及其对粮食单产的影响

变量	采用工程类适应措施	粮食单产（对数值）	
		采用措施的农户	未采用措施的农户
平均气温 log（LCM_T）	−0.053	0.238**	−0.237***
	(0.231)	(0.106)	(0.08)
平均降水 log（LCM_P）	0.366	0.037	−0.68***
	(0.407)	(0.167)	(0.229)
是否为旱灾年 D_D	0.089*	−0.048**	−0.056**
	(0.049)	(0.022)	(0.024)
是否为涝灾年 D_F	0.063	0.044**	−0.091*
	(0.055)	(0.021)	(0.048)
化肥投入 log（I_{iht1}）	−0.092	0.811***	0.846***
	(0.102)	(0.055)	(0.087)
农药投入 log（I_{iht2}）	0.086*	0.138***	0.022
	(0.049)	(0.035)	(0.03)
机械投入 log（I_{iht3}）	0.112	0.032	0.066**
	(0.084)	(0.032)	(0.028)

（续）

变量	采用工程类适应措施	粮食单产（对数值）	
		采用措施的农户	未采用措施的农户
劳动力投入 log（I_{iht4}）	−0.036	0.034	0.12
	(0.105)	(0.023)	(0.062)
村庄是否有排灌基础设施 V_{vt1}	−0.396*	0.148	−0.237**
	(0.246)	(0.092)	(0.11)
家庭财富 log（H_{ht1}）	0.004**	−0.000 2	−0.000 2
	(0.002)	(0.001)	(0.001)
农业收入比例 H_{ht2}	−0.002	0.000 1	0.001
	(0.001)	(0.001)	(0.001)
生产技术培训 H_{ht3}	0.164*	−0.028	−0.022
	(0.088)	(0.037)	(0.057)
户主性别 H_{ht4}	−0.181	0.1	0.066
	(0.169)	(0.104)	(0.1)
户主受教育程度 H_{ht5}	0.017	0.006	−0.004
	(0.013)	(0.005)	(0.007)
户主耕地年限 H_{ht6}	0.006*	−0.002	0.001
	(0.003)	(0.002)	(0.002)
耕地面积 F_{iht1}	−0.15	0.016	0.299***
	(0.158)	(0.104)	(0.116)
耕地地形 F_{iht2}	0.398*	0.017	−0.2**
	(0.237)	(0.167)	(0.087)
耕地是否是从他人转入 F_{iht3}	0.131	0.061	0.053
	(0.127)	(0.054)	(0.076)
是否是壤土 F_{iht42}	0.081	0.004	−0.023
	(0.106)	(0.044)	(0.056)
是否是黏土 F_{iht43}	0.007	−0.013	0.014
	(0.097)	(0.038)	(0.057)
政府是否提供气象预警防灾信息 Z_{ht1}	0.183	—	—
	(0.2)	—	—
政府是否提供应对灾害的技术、资金和物资方面的政策支持 Z_{ht2}	0.115*	—	—
	(0.07)	—	—

（续）

变量	采用工程类适应措施	粮食单产（对数值）	
		采用措施的农户	未采用措施的农户
省级虚变量 P	YES	YES	YES
常数项	-3.739	1.411^{**}	5.03^{***}
	(2.463)	(1.262)	(1.511)
σ_i	—	0.170	0.198
	—	(0.094)	(0.047)
ρ_j	—	0.278	-0.172
	—	(0.342)	(0.087)
观测值（地块）	5 138	1 895	3 243

注：本模型对平均气温 LCM_T 变量进行对数取值运算，并同表 6-8、表 6-9、表 6-11、表 7-8、表 7-9、表 7-10、表 7-13、表 8-2、表 8-3、表 9-4。括号内为稳健性标准误。

表 6-8　农户采用工程类适应措施决策及其对粮食产出风险的影响

变量	采用工程类适应措施	粮食产出风险（对数值）	
		采用措施的农户	未采用措施的农户
平均气温 log（LCM_T）	0.125	-0.192	-0.458^*
	(0.171)	(0.133)	(0.266)
平均降水 log（LCM_P）	1.320^{***}	-0.159	-0.472
	(0.187)	(0.118)	(0.330)
是否为旱灾年 D_D	0.004	0.023^*	0.048^*
	(0.036)	(0.013)	(0.025)
是否为涝灾年 D_F	0.277^{***}	0.005	0.500
	(0.063)	(0.029)	(0.502)
化肥投入 log（I_{iht1}）	-0.067	-0.446^{***}	-1.278^{***}
	(0.062)	(0.042)	(0.443)
农药投入 log（I_{iht2}）	0.111^{***}	-0.018	0.131
	(0.035)	(0.019)	(0.100)
机械投入 log（I_{iht3}）	0.012	-0.021	0.168
	(0.036)	(0.022)	(0.107)
劳动力投入 log（I_{iht4}）	0.078	-0.029	0.139
	(0.048)	(0.018)	(0.227)

（续）

变量	采用工程类适应措施	粮食产出风险（对数值）	
		采用措施的农户	未采用措施的农户
村庄是否有排灌基础设施 V_{vt1}	−0.242	−0.157*	−1.266***
	(0.204)	(0.094)	(0.393)
家庭财富 $\log(H_{ht1})$	−0.029	0.002	−0.005
	(0.023)	(0.008)	(0.022)
农业收入比例 H_{ht2}	−0.000	−0.000	−0.001
	(0.001)	(0.000)	(0.002)
生产技术培训 H_{ht3}	0.380***	−0.005	−0.025
	(0.077)	(0.040)	(0.143)
户主性别 H_{ht4}	−0.117	−0.032	0.102
	(0.162)	(0.074)	(0.133)
户主受教育程度 H_{ht5}	0.007	−0.000	−0.000
	(0.012)	(0.004)	(0.009)
户主耕地年限 H_{ht6}	0.003	0.000	−0.019**
	(0.003)	(0.001)	(0.009)
耕地面积 F_{iht1}	−0.090	−0.087	−0.204
	(0.176)	(0.084)	(0.270)
耕地地形 F_{iht2}	0.273*	0.034	−0.829
	(0.159)	(0.157)	(0.772)
耕地是否是从他人手中转入 F_{iht3}	0.081	0.014	0.024
	(0.104)	(0.034)	(0.214)
是否是壤土 F_{iht42}	−0.028	0.013	−0.254
	(0.085)	(0.028)	(0.196)
是否是黏土 F_{iht43}	−0.097	0.033	−0.238
	(0.080)	(0.030)	(0.165)
政府是否提供气象预警防灾信息 Z_{ht1}	0.390***	—	—
	(0.127)	—	—
政府是否提供应对灾害的技术、资金和物资方面的政策支持 Z_{ht2}	0.180**	—	—
	(0.072)	—	—
省级虚拟变量 P	YES	YES	YES

（续）

变量	采用工程类适应措施	粮食产出风险（对数值）	
		采用措施的农户	未采用措施的农户
常数项	−9.939***	5.784***	13.045***
	(1.127)	(1.155)	(2.751)
σ_i	—	−1.199***	0.960***
	—	(0.232)	(0.148)
ρ_j	—	−0.180	0.041
	—	(0.390)	(0.049)
观测值（地块）	5 138	1 895	3 243

注：括号内为稳健性标准误。

表 6-9　农户采用工程类适应措施决策及其对粮食净收益的影响

变量	采用工程类适应措施	粮食净收益（对数值）	
		采用措施的农户	未采用措施的农户
平均气温 $\log(LCM_T)$	0.036	0.181***	0.266***
	(0.225)	(0.052)	(0.032)
平均降水 $\log(LCM_P)$	0.231	0.02	−0.136*
	(0.444)	(0.088)	(0.075)
是否为旱灾年 D_D	0.104*	−0.075***	−0.075***
	(0.063)	(0.028)	(0.017)
是否为涝灾年 D_F	0.076	0.018	−0.01
	(0.055)	(0.018)	(0.018)
化肥投入 $\log(I_{iht1})$	−0.057	0.017	0.015
	(0.061)	(0.016)	(0.009)
农药投入 $\log(I_{iht2})$	0.089**	0.052***	−0.013
	(0.043)	(0.019)	(0.01)
机械投入 $\log(I_{iht3})$	0.044	0.002	−0.001
	(0.062)	(0.01)	(0.007)
劳动力投入 $\log(I_{iht4})$	0.062	−0.017	−0.002
	(0.058)	(0.019)	(0.01)
村庄是否有排灌基础设施 V_{vt1}	−0.443	0.088	−0.059*
	(0.336)	(0.069)	(0.035)

（续）

变量	采用工程类适应措施	粮食净收益（对数值）	
		采用措施的农户	未采用措施的农户
家庭财富 log（H_{ht1}）	0.004**	−0.000 2	0.000 5
	(0.002)	(0.001)	(0.000 4)
农业收入比例 H_{ht2}	−0.001	0.000 2	0.000 3
	(0.001)	(0.000 3)	(0.000 2)
生产技术培训 H_{ht3}	0.183*	0.014	0.023
	(0.099)	(0.043)	(0.021)
户主性别 H_{ht4}	−0.158	0.054	−0.039
	(0.183)	(0.058)	(0.037)
户主受教育程度 H_{ht5}	0.021	0.005	0.001
	(0.016)	(0.005)	(0.004)
户主耕地年限 H_{ht6}	0.006	0.000 1	0.001
	(0.004)	(0.001)	(0.001)
耕地面积 F_{iht1}	−0.061	0.147***	0.094***
	(0.22)	(0.051)	(0.025)
耕地地形 F_{iht2}	0.157	0.037	0.016
	(0.253)	(0.075)	(0.027)
耕地是否是从他人手中转入 F_{iht3}	0.161	−0.02	0.043*
	(0.131)	(0.035)	(0.023)
是否是壤土 F_{iht42}	0.058	0.033	0.05**
	(0.114)	(0.03)	(0.02)
是否是黏土 F_{iht43}	0.005	0.024	0.038**
	(0.102)	(0.022)	(0.018)
政府是否提供气象预警防灾信息 Z_{ht1}	0.331**	—	—
	(0.149)	—	—
政府是否提供应对灾害的技术、资金和物资方面的政策支持 Z_{ht2}	0.066	—	—
	(0.197)	—	—
省级虚变量 P	YES	YES	YES
常数项	−3.32	2.234**	3.746***
	(2.686)	(1.118)	(0.465)

（续）

变量	采用工程类适应措施	粮食净收益（对数值）	
		采用措施的农户	未采用措施的农户
σ_i	—	0.189	0.206**
	—	(0.119)	(0.086)
ρ_j	—	0.415	−0.252
	—	(1.665)	(0.783)
观测值（地块）	5 138	1 895	3 243

注：括号内为稳健性标准误。

6.4.2.1　工具变量对农户决策影响

可以看出，获取政府应对灾害的技术、物质和资金方面的政策支持对农户采取工程类适应措施起着积极作用（0.115）（表 6 - 7 和表 6 - 8，第 43 行）；获得气象预警防灾信息对农户的适应也起着显著的正向影响（0.390 和 0.331）（表 6 - 8 和表 6 - 9，第 41 行）。这表明如果农户能够及时获取气候信息及政府技术物资支持，他们采取工程类适应措施的可能性就会提高。原因可能是气象预警和预防信息的获取可以加强农户的防灾意识，完善农户的防灾准备，并在灾害发生过程中或发生后将对粮食的损害降至最低。获取政府的技术、物资和资金方面的政策帮助可以减轻农户的经济压力，提高农户适应气候变化的可能性。

6.4.2.2　气候变化对农户决策影响

如果遭遇旱灾年，农户采用工程类适应措施的可能性会增加 8.9%（表 6 - 7，第 5 行）。换句话说，那些经历过严重或非常严重干旱的农户，他们更有可能采取工程类适应措施以适应气候变化，这一结果与 Huang et al.（2015）的发现一致。相比之下，长期温度和降水的气候变化对农户采取适应性措施没有显著的影响，这一结果和 Bryan et al.（2009）发现的结果一致，即农民的适应性行为更多取决于极端天气事件，而不是长期气候变化。

6.4.2.3　生产投入对农户决策影响

农药投入对农户采取工程适应措施具有显著的正向影响。这意味着农药投入越多，农户就越有可能采取工程适应性措施应对气候变化（表 6 - 7，第 11 行）。具体而言，如果农药投入增加 10%，农户采用工程措施可能性将增加 0.86%。

6.4.2.4 村级排灌设施条件对农户决策影响

村级灌溉和排水基础设施条件是农户采取工程适应措施的负面决定因素。换句话说，如果村庄拥有相对完善的排水灌溉工程措施，农户就不愿意再对工程类适应措施进行投资，原因是村级排灌基础设施越好，应对气候变化能力越强，所在村农户因气候变化导致粮食损失的可能性就越小。

6.4.2.5 农户特征对农户决策影响

农户参与生产技术培训和户主的耕作经验对工程适应措施的采用具有显著的正向影响。具体而言，如果农户接受过生产技术培训，那么采取适应行为的概率将增加 16.4%（表 6-7，第 23 行）。同样，如果户主每增加一年的耕作经验，那么采用工程类适应措施的概率将增加 0.6%（表 6-7，第 29 行）。这些发现与之前学者的研究一致（Asfaw et al.，2016；Teklewold et al.，2013；Gbetibouo et al.，2010）。农户拥有的家庭财富对于农户采取针对气候变化的排灌工程措施也具有积极作用（$\log H_{ht1} = 0.004$）。原因可以解释为，相比较为贫困的农户，相对富裕的农户更有可能采取灌溉排水工程措施来抵消气候风险。这也意味着贫困农户在种粮过程中，如果面临气候变化时更容易受到伤害。这一结果与先前的研究结果一致（Bryan et al.，2009；Comoé and Siegrist，2015；Downing et al.，2005；Tizale，2007；Ziervogel et al.，2006）。

6.4.2.6 耕地特征对农户决策影响

耕地数量与耕地质量对农户适应气候变化都产生着重大影响。例如，耕地类型对农户的适应性决策具有积极影响（0.398，表 6-7，第 33 行），表明如果耕地为平地，农民采用排灌工程措施的概率越大。

基于上述分析，我们发现政府提供的公共服务（气象预警防治信息和技术物资支持），村级的排灌基础条件，农户参与的生产技术培训，农户的家庭财富等都显著影响农户采取排灌工程措施以应对气候变化。因此，我们可以得出结论，为了鼓励农户投资灌溉排水工程类适应措施，政府应提供更多的公共服务，加大对农村排灌基础设施的投资，加强农村的教育培训力度，想办法增加农民收入。

6.4.3 粮食产量影响因素

采用工程适应措施的农户与未采用农户的粮食产量影响因素的估计结果列于表 6-7 的第 3 列和第 4 列。首先，工程类适应措施的选择方程（6.1）与结果方程（6.2a），（6.2b）的相关系数 $\rho_{1\mu}$ 和 $\rho_{2\mu}$ 的符号相反，意味着两组农户会根据其比较优势选择是否采用工程适应措施（Alene and Manyong，2007；Fuglie and Bosch，1995）。因此，采用农户的粮食产量由于采取措施而高于整体平均水平，而选择不采用的农户的粮食产量高于平均水平。其次，粮食产量函数中的大多数估计系数具有统计上的显著性。估计系数的差异也揭示了工程类适应措施的采用对采用农户和不采用农户之间粮食产量的不同影响。

6.4.3.1　气候变化对粮食产量的影响

从估计结果可以看出，工程类适应措施的采用可以减少长期气候变化和极端天气事件对粮食产量造成的损失。例如，长期平均气温和降水对没有采用适应措施农户的粮食产量具有明显的负向影响（-0.237 和 -0.68），但其对采用适应措施农户的粮食产量具有正向影响（0.238 和 0.037）。这表明，在长期气候变化下，农户采用工程类适应措施可以减少粮食产量的损失甚至可以提高粮食产量。极端天气方面，旱灾变量对不采用措施的农户的粮食产量具有显著的负向作用（-0.056），同时对采用措施农户的粮食产量也产生着负面影响（-0.048），这一系数的变化意味着当发生旱灾时，采用工程类适应措施农户比不采用农户减少了 0.8% 的产量损失。涝灾变量对不采用适应措施农户的粮食产量产生显著的负面影响（-0.091），但它对采用适应措施农户的粮食产量产生积极影响（0.044）。这表明，当涝灾发生时，工程适应措施减少了粮食产量的损失。

6.4.3.2　投入要素对粮食产量影响

化肥、农药和机械作业的投入对粮食产量具有显著影响，但其系数均小于1，表明生产要素的投入是缺乏弹性的。这一结果与前人的研究一致，即基于固定的粮食价格，中国粮食生产过程中生产要素被过度地投入和使用（Huang et al.，2008；Holst et al.，2013）。事实上，Chen et al.（2013）利用投入导向的 DEA 方法，对中国小麦主产区各省份的生产要素投入进行了明显的径向调整和松弛调整。

6.4.3.3　耕地特征变量对粮食产量影响

耕地特征在提高粮食产量方面也发挥着积极作用。从表 6-7 的估计结果可以看出，耕地面积增加可以显著提高不采用措施农户的粮食产量。

通过以上讨论，我们发现工程类适应措施的采用可以减少气候变化对粮食作物造成的损失。再次，由于生产要素投入量大，再增加要素投入对粮食产量的作用并不大。此外，耕地面积对粮食产量的正向作用说明规模报酬会促进农户粮食产量的增加。

6.4.4　粮食产出风险影响因素

工程类适应措施对粮食产出风险影响的回归结果见表 6-8。其中第 3 列和第 4 列分别表示采用工程类适应措施的农户与未采用农户粮食产出风险影响因素的估计结果。粮食产出风险影响因素的具体分析如下。

6.4.4.1　气候变化对粮食产出风险影响

采用工程类适应措施可以减少极端天气事件对粮食产出造成的风险。对于未采用工程类适应措施的农户而言，发生旱灾会造成粮食生产风险增加 4.8%，高于采用农户的粮食生产风险（2.3%），也就是说采用工程类适应措施可以使旱灾对粮食造成的风险减少 2.5%。

6.4.4.2　生产要素投入对粮食产出风险影响

农户的生产要素投入会显著减少粮食产出风险。从表 6-8 中可以看出，针对采用措施的农户，化肥投入每增加 1%，粮食产出风险会减少 0.446%；针对未采用措施的农户，化肥投入每增加 1%，粮食产出风险会减少 1.278%，这表明化肥投入会使粮食产出风险减少。

6.4.4.3　村级排灌设施条件对粮食产出风险影响

从表 6-8 中可以看出，村庄拥有排灌基础设施对采用措施的农户（-0.157）和未采用农户（-1.266）的粮食产出风险均产生显著的负向影响，这表明村庄拥有排灌基础设施会显著减少农户的粮食产出风险。

6.4.5　粮食净收益影响因素

表 6-9 显示了两组农户的粮食净收益函数的估计结果。这里重点讨论表 6-9（粮食净收益函数）与表 6-7（粮食产量函数）的估计系数之间的差异。本书发现，一些变量估计系数的符号和大小在两表间存在明显差异。例如，化肥投入对粮食产量有着显著影响（表 6-7，第 9 行），但对粮食净收益没有显著影响（表 6-9，第 9 行）。一些要素投入甚至对粮食净收入产生负面作用。

6.4.6　工程类适应措施处理效应

表 6-10 显示工程类适应措施决策对粮食产出和粮食净收益的期望结果和平均处理效应的估计结果。（a）和（b）反映了每公顷粮食单产和粮食净收益的真实期望值，（c）和（d）为反事实情况下预期的粮食单产和净收益。采用措施的农户与未采用措施的农户由于系统不同而引起选择偏差，导致平均处理

效应估计（ATT 和 ATU）及变化率都有所不同。

ATT 的结果表明，工程类适应措施的采用会显著提高粮食单产，降低粮食产出风险。具体而言，农户采用工程类适应措施会使粮食单产增加 9.26%，会使粮食产出风险降低 36.19%。然而，ATU 的结果表明，工程类适应措施的采用会导致粮食净收益下降。具体而言，对于没有采用工程类适应措施的农户，假如他们选择采用措施，其粮食净收益将降低 3.58%，这一研究结果与 Song et al.（2018a）得出的结果一致。

表 6-10 农户采用工程类适应措施的平均处理效应

子样本	采用措施决策		处理效应	变化率（%）
	采用工程类适应措施	未采用工程类适应措施		
平均粮食单产（对数值）				
采用工程类适应措施的地块	(a) 9.305	(c) 8.516	ATT=0.789***	9.26
未采用工程类适应措施地块	(d) 9.183	(b) 9.228	ATU=−0.045	−0.49
平均粮食产出风险（对数值）				
采用工程类适应措施的地块	(a) 0.171	(c) 0.268	ATT=−0.097***	−36.19
未采用工程类适应措施地块	(d) 0.371	(b) 0.513	ATU=−0.142***	−27.68
平均粮食净收益（对数值）				
采用工程类适应措施的地块	(a) 3.543	(c) 3.448	ATT=0.095***	2.76
未采用工程类适应措施地块	(d) 3.363	(b) 3.488	ATU=−0.125***	−3.58

注：ATT 表示处理（即采用工程类适应措施）对采用工程类适应措施农户的影响，而 ATU 表示处理（即采用工程类适应措施）对未采用工程类适应措施农户的影响。*** 表示通过了 1% 的显著性水平。

此外，为了进一步验证上述结果的可靠性，本书利用工具变量的两阶段最小二乘方法（Ⅳ-2SLS）的估算结果（表 6-11）研究表明，尽管 AE_{iht} 对粮食单产和种粮净收益的影响并不显著，但两者的影响系数的符号是相反的（0.211 和 −0.109）。这也表明，农户采用工程类适应措施可以提高粮食产量，但会降低种粮净收益。

表 6-11 农户采用工程类适应措施决策及其对粮食单产和净收益的影响（Ⅳ-2SLS）

变量	采用工程类适应性措施	粮食单产（对数值）	粮食净收益（对数值）
是否采用工程类适应措施 AE_{iht}	—	0.211	−0.109
	—	(0.286)	(0.119)

（续）

变量	采用工程类适应性措施	粮食单产（对数值）	粮食净收益（对数值）
政府是否提供气象预警防治信息 Z_{ht1}	0.333**	—	—
	(0.147)	—	—
政府是否提供应对灾害的技术、资金和物资方面的政策支持 Z_{ht2}	0.084	—	—
	(0.089)	—	—
平均气温 $\log（LCM_T）$	0.033	0.14**	0.22***
	(0.292)	(0.069)	(0.027)
平均降水 $\log（LCM_P）$	0.227	−0.454***	−0.067
	(0.586)	(0.145)	(0.06)
是否为旱灾年 D_D	0.118**	−0.031**	−0.07***
	(0.056)	(0.014)	(0.007)
是否为涝灾年 D_F	0.077	−0.006	0.011
	(0.068)	(0.025)	(0.01)
化肥投入 $\log（I_{iht1}）$	−0.053	0.839***	0.016**
	(0.059)	(0.07)	(0.008)
农药投入 $\log（I_{iht2}）$	0.083*	0.052**	0.004
	(0.045)	(0.025)	(0.006)
机械投入 $\log（I_{iht3}）$	0.033	0.059***	0.003
	(0.043)	(0.022)	(0.006)
劳动力投入 $\log（I_{iht4}）$	0.062	0.117***	−0.004
	(0.062)	(0.045)	(0.008)
村庄是否有排灌基础设施 V_{vt1}	−0.386	−0.111	−0.008
	(0.42)	(0.083)	(0.028)
家庭财富 $\log（H_{ht1}）$	0.004**	0.000 3	0.000 2
	(0.002)	(0.000 5)	(0.000 3)
农业收入比例 H_{ht2}	−0.001	0.000 9*	0.000 3
	(0.001)	(0.000 4)	(0.000 2)
生产技术培训 H_{ht3}	0.174*	−0.022	0.025*
	(0.102)	(0.038)	(0.015)
户主性别 H_{ht4}	−0.168	0.056	−0.02
	(0.191)	(0.069)	(0.028)

（续）

变量	采用工程类适应性措施	粮食单产（对数值）	粮食净收益（对数值）
户主受教育程度 H_{ht5}	0.023	0.003	0.004*
	(0.017)	(0.005)	(0.002)
户主耕地年限 H_{ht6}	0.005	0.001	0.001
	(0.004)	(0.001)	(0.001)
耕地面积 F_{iht1}	−0.065	0.21**	0.098***
	(0.229)	(0.095)	(0.032)
耕地地形 F_{iht2}	0.126	−0.159*	0.02
	(0.179)	(0.085)	(0.026)
耕地是否是从他人手中转入 F_{iht3}	0.155	0.063	0.019
	(0.126)	(0.047)	(0.019)
是否是壤土 F_{iht42}	0.065	−0.017	0.043***
	(0.121)	(0.037)	(0.016)
是否是黏土 F_{iht43}	0.006	0.000 01	0.034**
	(0.119)	(0.037)	(0.014)
省级虚变量 P	Yes	Yes	Yes
常数项	−3.245	3.673***	3.673***
	(3.477)	(0.967)	(0.967)

注：括号中为农户层面聚集的稳健性标准误。*，**和***分别代表 10%，5%和 1%的显著性水平。总样本为 5 138（2 569×2 年）。

　　由于之前的文献大多关注农户的适应性行为对粮食产量的影响，缺乏对粮食净收益影响的关注。为了更好地理解本书得出的农户采用工程类适应措施可以提高粮食产量，但会降低种粮净收益这一研究结果，需要将中国的粮食生产与粮食市场联系起来进行分析。

　　首先，工程类排灌基础设施对粮食生产起到至关重要的作用。我国每年都会增加投资来改善农业排灌基础设施条件，同时也会鼓励农民进行排灌工程措施的投资。特别是当遭遇极端天气事件时，政府会加大投资力度（国家发展和改革委员会，2013）。考虑到排灌基础条件的改善，农民愿意投入更多的生产要素（如化肥），以提高粮食产量。

　　然而，由于粮食需求价格缺乏弹性，容易出现"谷贱伤农"的现象。尤其在粮食丰收年份，农户会面临粮食出售困难的情况，粮食的市场价格将会降低。(Gilbert and Morgan，2010；Yin et al.，2009；Zhou et al.，2012)。因此，高成本的投入(基础设施投入和生产要素投入)和低回报的收益(粮食市场价格下降)导致农户的粮食净收益不理想。中国的粮食市场处于一种两难境地，保证国家粮食安全似乎以牺牲粮农的净收益为代价(Godfray et al.，2010)。例如，2014 年，我国 20 个玉米生产省中，有 9 个省种植玉米的净利润为负(国家发展和改革委员会，2015)。随着时间的推移，玉米的净利润不断下降，2015—2016 年，全国玉米的净利润分别为－134.18 元和－299.7 元(国家发展和改革委员会，2017)，此外，粮食产量的增加也导致了粮食库存的增多。因此，2016 年起中国政府开始实施农业供给侧结构性改革，包括鼓励和引导农民减少农业化学品投入，减少耕地的复种指数，保护耕地和农业环境，调整农业种植结构，不再单纯依靠追求产量增长的生产方式，而是根据消费者需求生产绿色有机农产品，以提高其经济收益。

6.5　本章小结

　　长期气候变化改变了粮食生产环境，极端天气事件的频繁发生也威胁着粮食安全和农民的种粮收入，因此适应气候变化方面的研究引起了国内和国际的广泛关注。本章利用黄淮海地区五个主要粮食生产省的农户实地调查数据，采用内生转换模型分析农户采用工程类适应措施的驱动力及其对粮食产量(单产)和种粮净收益的影响。

　　首先，应该将适应气候变化的公共服务纳入到国家的公共推广体系中。研究结果显示，近 40％的农户采取了工程类排灌措施来适应气候变化。政府提供的气象预警防灾信息、应对灾害的技术、物资和资金支持，以及生产技术培训等对农户采取工程类适应措施应对气候变化起到积极作用。然而，目前只有10％的农民可以获得政府提供的气候信息，31％的农民可以获得政府提供的技术、物资和资金支持，31％的农民参加了生产技术培训。因此，适应气候变化的公共服务水平有待提高和完善。

　　其次，政府应该加强贫困农户应对气候变化的适应能力。研究结果表明，农户的家庭财富对采取灌溉和排水工程措施具有积极影响。贫困农户在面临极端天气事件时，由于缺乏资金，很难采取工程措施，其粮食产量和种粮净收益更容易受到损害。因此，政府的技术、物资支持对于贫困农户提高应对气候变化的适应能力尤为重要。

最后，在长期气候变化和极端天气事件下，采用工程类适应措施确实可以减少粮食产量上的损失，但增加的粮食产量所获得的收益被高成本的投入所抵消。具体而言，采用工程类适应措施可以使农户的粮食产量增加 9.26%；然而，对于没有采用工程类适应措施的农户，假如他们采用措施，将会导致种粮净收益减少 3.58%。这表明粮食产量的增加与种粮净收益的提高并不同步。农户如果将工程类适应措施的投资和增加生产要素投入一起进行，将导致投入成本过高，种粮净收益不升反降。因此，为积极应对气候变化，提高农户的可持续生计能力，一方面，政府应该提供合理的技术、物质和资金支持，以鼓励农户采取工程类适应措施，应对气候变化；另一方面，应该加大农业供给侧改革的力度，如减少农药、化肥等化学品的投入，增加有机肥的使用，保护农业及耕地土壤环境，改变粮食生产方式等。

第7章　农户采用节水技术适应措施决定因素及效果

7.1　引言

水资源对于农业生产至关重要，然而极端天气事件等因素导致我国农业用水缺口越来越大，水资源短缺形势趋于严峻，农业生产受到了严重威胁。黄河、淮河、海河的地表径流量在过去二十年分别减少了 15％、15％ 和 41％。我国部分地区的降水量明显减少，干旱等极端天气事件不断发生。在过去几十年，我国因旱灾导致年均粮食产量损失达到 1 630.2 万吨，粮食损失率高达 4.59％（新中国六十年年统计资料汇编，2009；中国统计年鉴，2017；中国水旱灾害公报，2017）。此外，随着城市化和工业化进程不断加快，各部门对农业用水施加压力更大，农业部门的用水比例呈不断下降趋势，农业生产面临更加严重的威胁。

有效灌溉是减缓水资源短缺的重要方法，采用节水技术措施可以减少干旱等极端天气事件带来的负面影响，是缓解农业用水压力的重要途径。自本世纪以来，随着水资源短缺形势的日益严重，推广农业节水技术越来越得到政府部门的重视。2000—2016 年，我国节水灌溉面积稳定增长，节水灌溉面积占农田有效灌溉面积比例也在不断提高（图 7-1）。2009 年 4 月，中国国务院办公厅制定《全国节水灌溉规划》，指出 2020 年节水灌溉面积应占全国有效灌溉面积的 80％以上。2011 年，中央 1 号文件也明确提出，到 2020 年实现全国灌溉效率达到 0.55。

鉴于极端天气事件的严重程度及节水技术在降低灾害风险时发挥的潜在作用，识别与气候变化相关的节水技术并分析其有效性是至关重要的。农户采取的节水技术措施是否为应对气候变化的适应性措施？这些适应性措施的效果又如何？这些信息对于更好地理解农户适应极端天气事件，以及对政策制定者制订气候变化适应性计划和投资具有关键性作用。然而，目前多数文献主要分析

图 7-1　我国节水灌溉面积及占比趋势（2000—2016 年）

了采用农业节水技术的机制和政策，缺少对节水技术有效性的评估（韩一军等，2015；刘亚克等，2011；刘宇等，2009）；少数文献分析了节水技术对水资源的利用率及生产力（Huang et al.，2017；Wallander and Hand，2011），但没有考虑极端天气事件等气候变化因素对于采用节水技术的影响。目前为止，在识别适应气候变化措施的研究中，更多的文献主要考虑了农田管理措施（Huang et al.，2015；Wang et al.，2018）和工程类灌溉措施（Song et al.，2018a），针对节水技术措施方面的文献寥寥无几。

因此，本章利用内生转换模型实证分析农户采取节水技术适应措施的驱动力，使用粮食产量（粮食单产）、产出风险（粮食产出风险）和农户净收益（种粮净收益）等多种指标考察农户适应性行为的有效性。为实现上述目的，本章进行数据描述统计，将节水技术适应措施进行分类，统计农户采取不同种类节水技术的比例，并初步分析农户采用节水技术与粮食产量和种粮净收益之间的关系；设定具体计量模型，实证分析农户采用节水技术的决定因素及其效果，并分析不同种类节水技术的处理效应。最后得出结论并提出建议。

7.2　数据描述统计

由于节水技术的主要作用是缓解农业用水压力，因此本章主要考察在干旱的极端天气下，农户采用节水技术决策的驱动力，以及采用节水技术应对干旱的有效性。本章所使用的数据是在总样本（表 3-1）基础上，对数据进一步处理，只保留在三年内（2010—2012 年）遭遇过旱灾的样本数据。具体来说，样本数据包括河南省的原阳、滑县、永城，河北省的魏县、围场，山东省的郓城、微山，江苏省的沛县，以及安徽省的埇桥、濉溪、利辛县，共 5 个省，11 个县，33 个乡镇，99 个村，988 个农户，1 880 个地块（2011 年为旱灾年，2012 年为正常年）。

7.2.1　节水技术分类与统计

根据第四章总结出的各种节水技术措施的采用情况（表 4-5），发现农户会采取多种类型的节水技术。然而，如果单独分析每一种节水技术采用的影响因素及效果，则分析过程冗长且得出的结果相似。此外，一些节水技术的使用率非常低，没有必要单独进行分析。因此，本章根据节水技术所花费的成本和使用时间等特征，结合已有文献的划分（Huang et al.，2017），将节水技术分为三种类型：传统型节水技术、农户型节水技术和社区型节水技术。第一类，传统型节水技术包括：畦灌、沟灌和平整土地。该类技术采用历史较为悠久，早在 20 世纪 50 年代就开始被采用。此外，此类技术的固定成本较低，属于劳动密集型技术，由于中国人均耕地面积少，因此农民只需要几天时间就可以建造犁沟或平整土地。第二类，农户型节水技术包括：地面管道（白龙或水带等）、地膜覆盖、免耕/少耕、秸秆覆盖/还田、化学药剂、间歇灌溉（干湿交替灌溉）、抗旱品种七种节水技术。该类技术大多在 20 世纪 80 年代以后开始使用。与传统技术相似，该类技术拥有固定成本较低、可分性较高，且通常由单个农户采用等特点。第三类，社区型节水技术包括：地下管道、喷灌、滴灌、渠道防渗。与前两类技术相比，这类技术采用时间较晚。由于投资成本高，这一类技术往往需要社区或农户群体合作，且可分性弱。

如表 7-1 所示，三年内（2010—2012 年），在三类节水技术中，农户型节水技术的采用比例最高，为 77.6％；其次，传统型节水技术的采用比例为 40.9％；社区型节水技术的采用比例最低，仅有 6.3％。不同节水技术的采用广度也是不同的。对于传统型节水技术，采用覆盖面最广的是畦灌，采用比例为 40.2％；其次是平整土地，采用比例为 10.1％；沟灌的采用比例仅为 1.4％。对于农户型节水技术而言，农户采用地面管道节水技术的比例最高，达到了 72.1％；其次为秸秆覆盖/还田，采用比例为 57.1％。再次，免耕/少耕和抗旱品种技术的采用比例也分别达到了 41.5％和 12.3％。农户采用地膜覆盖、化学药剂和间歇灌溉技术的比例很低，仅为 1％左右。在社区型节水技术类型中，所有节水技术的采用比例都较低，地下管道和渠道防渗技术的采用比例分别为 5.4% 和 2.7%，采用喷灌技术的地块比例仅为 1%，甚至没有农户会选择滴灌/微灌的节水技术。

表 7 - 1　2010—2012 年不同类型的节水技术措施采用情况

节水技术类型	地块数（个）	地块比例（%）
传统型节水技术	2 307	40.9
畦灌	2 269	40.2
沟灌	79	1.4
平整土地	570	10.1
农户型节水技术	4 377	77.6
地面管道	4 066	72.1
地膜覆盖	73	1.3
免耕/少耕	2 343	41.5
秸秆覆盖/还田	3 221	57.1
化学药剂	6	0.1
间歇灌溉	48	0.9
抗旱品种	696	12.3
社区型节水技术	358	6.3
地下管道	303	5.4
喷灌	54	1.0
滴灌/微灌	0	0.0
渠道防渗	153	2.7

数据来源：根据调查数据整理，包括 1 880×3＝5 640 个观测值。

7.2.2　节水技术与极端天气事件

表 7 - 2 对三类节水技术措施在旱灾年和正常年的采用比例进行了描述性的统计分析。从总体来看，种粮农户在旱灾年中采用节水技术的比例（80.4%）较正常年（80%）略高。从不同种类节水技术来看，农户型节水技术的采用范围最广，采用比例达到 77.5%～78.2%，传统型节水技术的采用比例为 40.9%～41.1%，而社区型节水技术的采用比例仅为 6.4%～6.8%。农户在旱灾年和正常年采用节水技术措施的比例相差不大，那么极端干旱事件的发生是否是影响采用节水技术的关键因素，有待进一步定量识别。

表7-2 农户应对干旱采取节水技术措施比例（%）

年份	传统型节水技术	农户型节水技术	社区型节水技术	共计
旱灾年	40.9	78.2	6.4	80.4
正常年	41.1	77.5	6.8	80.0

数据来源：根据调查数据整理，包括1 880×2＝3 760个观测值。

7.2.3 节水技术与粮食生产

表7-3描述了节水技术措施与粮食单产和种粮净收益之间的关系。初步发现，第一，无论采用节水技术与否，旱灾年的平均粮食单产和种粮净收益均低于正常年。例如，采用节水技术的地块在正常年的平均粮食单产为12 939.07千克/公顷，在旱灾年的平均粮食单产为11 835.11千克/公顷。采用节水技术地块在正常年的平均种粮净收益为15 510元/公顷，在旱灾年平均为12 310元/公顷。第二，采用节水技术地块的粮食单产和种粮净收益均高于不采用节水技术的地块。例如，在旱灾年中，采用节水技术地块粮食单产和净收益分别为每公顷11 835.11千克和12 310元，未采用节水技术地块单产和净收益分别为每公顷9 382.72千克和7 260元，两者相差大约每公顷2 500千克粮食和5 000元收益。这种差距主要是采用节水技术引起的还是不同地块异质性引起的，需要进一步探讨。

表7-3 节水技术与粮食单产、种粮净收益之间的统计描述

年份	粮食单产（千克/公顷）		种粮净收益（千元/公顷）	
	采用节水技术	未采用节水技术	采用节水技术	未采用节水技术
旱灾年	11 835.11	9 382.72	12.31	7.26
正常年	12 939.07	9 567.93	15.51	8.99
平均	12 387.09	9 475.33	13.91	8.13

注：在计算种粮净收益时没有考虑土地成本和家庭用工折价。

表7-4和表7-5分别描述了不同类型节水技术与粮食单产和种粮净收益的影响。结果表明不同类型的节水技术所对应的粮食单产和种粮净收益都有所不同，采用社区型节水技术地块的粮食单产和种粮净收益普遍高于采用农户型节水技术和传统型节水技术。这是由采用不同种类的节水技术引起，还是由于其他因素引起，也有待下一步探讨。

表 7-4　不同类型节水技术与粮食单产之间的统计描述

单位：千克/公顷

年份	传统型节水技术		农户型节水技术		社区型节水技术	
	采用	未采用	采用	未采用	采用	未采用
旱灾年	12 168.62	10 790.99	11 849.31	9 577.04	14 036.67	11 170.84
正常年	13 539.61	11 376.65	12 939.12	9 942.32	14 625.99	12 093.78
平均	12 854.12	11 083.82	12 394.22	9 759.68	14 331.33	11 632.31

表 7-5　不同类型节水技术与种粮净收益之间的统计描述

单位：千元/公顷

年份	传统型节水技术		农户型节水技术		社区型节水技术	
	采用	未采用	采用	未采用	采用	未采用
旱灾年	12.30	10.65	12.37	7.59	17.53	10.90
正常年	15.79	13.10	15.51	9.70	19.06	13.85
平均	14.05	11.88	13.94	8.65	18.30	12.38

7.3　计量经济模型及估计结果

7.3.1　模型设定与变量描述

根据上文的理论假设，本节主要对农户采取节水技术的决策选择及节水技术的效果进行分析。当考虑将决策模型与效果模型联立时，会出现以下问题：一是采取节水技术的决定是自愿的，这样可能导致样本选择偏差问题（Hausman，1978）；二是将采取节水技术作为决策变量对粮食产量、风险和农户净收益进行有效性分析，可能因为遗漏变量而产生内生性问题；三是采用与未采用节水技术的农户之间存在较大的异质性。因此，本书采用内生转换模型（ESRM）分析农户采取节水技术的决定因素，以及其对粮食产量、产出风险和种粮净收益的影响。

本书为考察农户应对旱灾时采取节水技术措施的决定性因素，建立具体形式的选择模型，如下：

$$AS_{iht} = \alpha_0 + \alpha_1 D_{ct} + \alpha_2 Z_{ct} + \alpha_3 I_{iht} + \alpha_4 H_{ht} + \alpha_5 F_{iht} + \alpha_6 P + \mu_{iht}$$

$$(7.1)$$

本书为考察农户是否采取相应节水技术的效果差别，设定采用节水技术农户和未采取节水技术农户的独立结果方程模型如下：

$$Y_{1iht} = \beta_0 + \beta_1 AS_{1iht} + \beta_2 D_{1ct} + \beta_3 I_{1iht} + \beta_4 H_{1ht} + \beta_5 F_{1iht}$$
$$+ \beta_6 P_1 + \varepsilon_{1iht} \qquad \text{if } AS_{iht} = 1 \qquad (7.2a)$$

$$Y_{2iht} = \beta'_0 + \beta'_1 AS_{2iht} + \beta'_2 D_{2ct} + \beta'_3 I_{2iht} + \beta'_4 H_{2ht} + \beta'_5 F_{2iht}$$
$$+ \beta'_6 P_2 + \varepsilon_{2iht} \qquad \text{if } AS_{iht} = 0 \qquad (7.2b)$$

其中，下标 i 和 h 分别为地块和农户，v 和 c 分别为村和县，t 为年份。α，β，β' 为参数估计向量，μ_{iht}，ε_{1iht}，ε_{2iht} 为误差项。上述模型中各个变量的定义及统计描述见表 7-6。

表 7-6　农户采用节水技术的相关变量定义及统计描述

变量名称	变量单位	均值	标准差
被解释变量			
是否采取节水技术 AS_{iht}	1＝是；0＝否	0.80	0.40
粮食产量 Y_{iht}	千克/公顷	11 809.30	3 584.25
粮食产出风险 Y_{iht}	产量方差	0.38	1.64
粮食净收益 Y_{iht}	千元/公顷	12.76	7.22
工具变量			
农业灌溉用水价格 Z_{ct}	元/公顷	1 544.30	1 381.97
解释变量			
极端天气事件			
是否发生旱灾 D_{ct}	1＝是；0＝否	0.50	0.50
生产要素投入 I_{iht}			
化肥投入 I_{iht1}	元/公顷	4 897.70	2 201.79
农药投入 I_{iht2}	元/公顷	821.38	596.87
机械作业投入 I_{iht3}	元/公顷	2 561.02	1 163.86
劳动力投入 I_{iht4}	劳动日/公顷	91.51	79.37
农户特征 H_{ht}			
家庭生活耐用品价值 H_{ht1}	千元	9.61	16.87
是否有家庭成员在过去三年内参加农业生产技术培训 H_{ht2}	1＝是；0＝否	0.25	0.43
户主性别 H_{ht3}	1＝男；0＝女	0.95	0.21
户主受教育程度 H_{ht4}	年份	6.91	3.22

（续）

变量名称	变量单位	均值	标准差
户主耕地年限 H_{ht5}	年份	34.97	11.51
地块特征 F_{iht}			
耕地面积 F_{iht1}	公顷	0.20	0.18
地块地形 F_{iht2}	1＝平地；0＝山地	0.93	0.26
地块产权 F_{iht3}	1＝自有责任田；0＝流转入土地	0.95	0.22
是否是沙土 F_{iht41}	1＝是；0＝否	0.27	0.44
是否是壤土 F_{iht42}	1＝是；0＝否	0.35	0.48
是否是黏土 F_{iht43}	1＝是；0＝否	0.38	0.49
地区变量 P			
河南省 P_0	1＝是；0＝否	0.27	0.44
河北省 P_1	1＝是；0＝否	0.18	0.38
山东省 P_2	1＝是；0＝否	0.18	0.38
江苏省 P_3	1＝是；0＝否	0.10	0.29
安徽省 P_4	1＝是；0＝否	0.28	0.45

被解释变量中，AS_{iht} 表示 h 农户 i 地块在 t 时期是否采用节水技术，采取节水技术的比例达到 80%。Y_{iht} 分别表示粮食产量、粮食生产风险（产量方差）和粮食净收益。从表 7-6 可以看出，粮食平均产量为每公顷 11 809.30 千克，粮食方差的平均值为 0.38，农户所获得的粮食净收益为每公顷 12 760 元。其中，种粮净收益是通过粮食的总产值减去化肥、农药、机械、灌溉用水等生产要素的实际投入和雇工费用得出的，在本书中没有考虑土地成本和人工成本中的家庭用工折价。工具变量用农业灌溉用水价格 Z_{ct} 来表示，平均农业灌溉用水为每公顷 1 544.3 元。

解释变量中，代表极端天气事件为县级是否发生干旱灾害 D_{ct}。要素投入变量包括化肥 I_{iht1}、农药 I_{iht2}、机械的资本投入 I_{iht3}，以及劳动力投入 I_{iht4}。其中，化肥投入最高，每公顷分别为 4 897.7 元。其次为机械作业费用，为 2 561.02 元，农药投入为每公顷 821.38 元，劳动力投入为每公顷 91.51 劳动日。农户特征变量中，家庭生活耐用品价值 H_{ht1} 平均为 9 610 元；家庭成员在三年内（2010—2012 年）参加农业生产技术培训 H_{ht2} 的概率为 25%；户主性别 H_{ht3} 指标为 0.95，说明户主为男性的比例占到 95%；户主的受教育程度 H_{ht4} 平均为 6.91 年，相当于初中受教育水平；户主的耕地年限 H_{ht5} 平均为 34.97 年。农户拥有土地的地块特征变量包括该地块的耕地面积 F_{iht1}，农户拥有的地块面积仅为 0.20 公顷，说明我国户均耕地细碎分散；耕地地形 F_{iht2} 都是以平地为主，只有 7% 的农户会选择在山地上种植粮食作物；地块产权 F_{iht3} 中，有 95% 的土地都为农户自有的责任田，而只有 5% 的土地是从他人手中转入的；土壤类型包括沙土 F_{iht41}、壤土 F_{iht42} 和黏土 F_{iht43}，其比例分别为 27%、35% 和 38%。此外，地区变量 P 分别用五个省表示。

7.3.2　内生性及工具变量检验

当采用节水技术来解释粮食单产或种粮净收益时，在农户选择方面可能存在内生性问题，因此首先需要检验采用节水技术变量 AS_{iht} 是否为内生解释变量。从 Hausman 检验结果来看，$\chi^2（1）=(\hat{\beta}_{IV}-\hat{\beta}_{OLS})'\,\mathrm{Var}\,(\hat{\beta}_{IV}-\hat{\beta}_{OLS})^{-1}\cdot$ $(\hat{\beta}_{IV}-\hat{\beta}_{OLS})=9.01^{***}$，因此拒绝原假设 H_0 为所有解释变量均为外生变量的假设。根据 Durbin-Wu-Hausman 检验结果来看，Durbin（score）$\chi^2（1）=$ 9.058^{***}，Wu-Hausman $F（1，3738）=9.027^{***}$，进一步验证了采用节水技术变量 AS_{iht} 是内生解释变量。

为此，本书采用变量农业灌溉用水价格 Z_{ct} 作为农户是否采用节水技术 AS_{iht} 的工具变量。首先，水价的提高可以激励或约束农户的节水行为，促进农户对节水技术的采用。其次，提高灌溉用水价格只影响农户节水技术的采用，水价的变动属于政府行为，不会直接影响农户的粮食单产。根据以上分析，借鉴 Di Falco et al.（2011）和 Huang et al.（2015）提供的方法，如果考察工具变量对所有样本的粮食单产的影响，无法证明单产变动是由工具变量引起的还是由采用其他节水技术措施引起的。相反，如果只对没有采取节水技术的农户样本进行分析时，水价的变动对农户采取节水技术行为没有影响，因而不会影响农户的粮食产出。从表 7-7 的检验结果可以看出，节水技术措施选择的 Probit 模型表明，灌溉用水价格会对农户采取节水技术起到显著的促进作用。粮食单产影响的混合效应 OLS 模型表明，灌溉用水价格对粮食单产没有显著影响。因此，本书选择农业灌溉用水价格作为工具变量是有效的。

表 7-7　节水技术工具变量的外生性检验

工具变量	是否采用节水技术		未采取节水技术农户的粮食单产（对数值）	
	系数	t 值	系数	t 值
农业灌溉用水价格 Z_{ct}	0.486^{***}	11.36	0.007	0.51

（续）

工具变量	是否采用节水技术		未采取节水技术农户的粮食单产（对数值）	
	系数	t 值	系数	t 值
常数项	−3.966***	−8.11	0.187	0.56
Wald test	χ^2（20）＝1 721.68***		$F(20，724)＝429.84***$	
观察值	3 760		745	

注：*** $P<0.01$。为简便起见，其他解释变量的估计结果没有报告。

7.3.3　采用节水技术适应措施决定因素

表 7-7、表 7-8 和表 7-9 的第 2 列均列出了关于农户采取节水技术适应措施的决定因素的估计结果。具体分析如下。

表 7-8　农户采用节水技术决定因素及对粮食产量影响

变量	节水技术选择决策	粮食单产（对数值）	
		采用节水技术的农户	未采用节水技术的农户
是否发生旱灾 D_{ct}	−0.038	0.069***	−0.011
	(0.043)	(0.007)	(0.034)
化肥投入 log（I_{iht1}）	0.308**	0.305***	0.983***
	(0.156)	(0.111)	(0.045)
农药投入 log（I_{iht2}）	−0.014	0.047*	0.057*
	(0.062)	(0.025)	(0.031)
机械投入 log（I_{iht3}）	0.502***	0.415***	−0.007
	(0.136)	(0.108)	(0.028)
劳动力投入 log（I_{iht4}）	0.010	0.111***	0.021
	(0.107)	(0.027)	(0.047)
生活耐用品价值 log（H_{ht1}）	0.084	0.012	−0.002
	(0.059)	(0.011)	(0.058)
家庭成员在过去三年内是否参加农业生产技术培训 H_{ht2}	0.067	0.021	−0.073
	(0.113)	(0.025)	(0.082)
户主性别 H_{ht3}	−0.048	−0.053	0.244
	(0.202)	(0.045)	(0.151)

（续）

变量	节水技术 选择决策	粮食单产（对数值）	
		采用节水 技术的农户	未采用节水 技术的农户
户主受教育程度 H_{ht4}	0.032**	0.002	0.024**
	(0.016)	(0.003)	(0.012)
户主耕地年限 H_{ht5}	−0.003	0.001	0.005
	(0.005)	(0.001)	(0.003)
耕地面积 F_{iht1}	0.023	0.233***	0.177*
	(0.239)	(0.067)	(0.100)
地块地形 F_{iht2}	1.121***	−0.008	−0.355
	(0.254)	(0.041)	(0.247)
地块产权 F_{iht3}	0.141	0.029	0.062
	(0.188)	(0.045)	(0.103)
是否是壤土 F_{iht42}	0.089	0.062**	0.011
	(0.145)	(0.024)	(0.117)
是否是黏土 F_{iht43}	0.026	0.040*	0.108
	(0.142)	(0.024)	(0.134)
农业灌溉用水价格 Z_{ct}	0.338*	—	—
	(0.175)	—	—
地区虚变量 P	YES	YES	YES
常数项	−2.370	2.774***	−1.002**
	(1.654)	(0.967)	(0.506)
σ_i	—	0.170	0.198
	—	(0.094)	(0.047)
ρ_j	—	0.278	−0.172
	—	(0.342)	(0.087)
观察值（地块）	3 760	3 015	745

注：括号内为稳健性标准误。

表 7-9 农户采用节水技术决定因素及对粮食产出风险的影响

变量	节水技术选择决策	粮食生产风险（对数值）	
		采用节水技术的农户	未采用节水技术的农户
是否发生旱灾 D_{ct}	−0.007	0.001	0.083
	(0.040)	(0.014)	(0.200)
化肥投入 log（I_{iht1}）	0.285***	−0.374***	−0.790***
	(0.029)	(0.012)	(0.135)
农药投入 log（I_{iht2}）	0.093***	0.010	−0.348***
	(0.023)	(0.009)	(0.098)
总机械投入 log（I_{iht3}）	0.169***	−0.041***	−0.209*
	(0.032)	(0.011)	(0.124)
总劳动力投入 log（I_{iht4}）	0.016	−0.04***	0.189
	(0.032)	(0.011)	(0.124)
生活耐用品价值 log（H_{ht1}）	0.086***	−0.028***	−0.180
	(0.023)	(0.007)	(0.130)
家庭成员在过去三年内是否参加农业生产技术培训 H_{ht2}	0.145***	−0.015	0.190
	(0.050)	(0.017)	(0.258)
户主性别 H_{ht3}	0.083	−0.011	1.931***
	(0.111)	(0.035)	(0.534)
户主受教育程度 H_{ht4}	0.022***	−0.003	−0.075**
	(0.008)	(0.002)	(0.038)
户主耕地年限 H_{ht5}	−0.001	−0.001*	−0.015
	(0.002)	(0.001)	(0.009)
耕地面积 F_{iht1}	0.023	−0.221***	−0.138
	(0.239)	(0.067)	(0.100)
地块地形 F_{iht2}	1.551***	0.452***	−0.679*
	(0.182)	(0.072)	(0.359)
地块产权 F_{iht3}	−0.110	−0.073**	0.418
	(0.093)	(0.033)	(0.407)
是否是壤土 F_{iht42}	0.256***	−0.052***	−0.440
	(0.060)	(0.018)	(0.302)

（续）

变量	节水技术选择决策	粮食生产风险（对数值）	
		采用节水技术的农户	未采用节水技术的农户
是否是黏土 F_{iht43}	0.383***	−0.083***	−0.521*
	(0.060)	(0.018)	(0.294)
工具变量			
农业灌溉用水价格 Z_{ct}	0.257***		
	(0.020)		
地区虚变量 P	YES	YES	YES
常数项	−1.250***	2.642***	9.767***
	(0.309)	(0.142)	(1.013)
σ_i	—	0.407***	2.981***
	—	(0.006)	(0.142)
ρ_j	—	0.996***	0.588***
	—	(0.002)	(0.111)
观察值	3 760	3 015	745

在工具变量方面，农业灌溉用水价格对节水技术采用的影响为正，说明农业灌溉用水价格的提高对农户采取节水技术起到积极作用。这一结论与以往研究灌溉用水价格政策的结果一致（魏小珍，2017；冯颖，2016；冯颖，2013；刘亚克等，2011；徐涛，2018）。在水价较低时，农户节水的积极性得不到体现，同时水资源的稀缺性也难以反映。提高用水价格必然会导致农户的投入成本增加，理性农户便会投资更有效的节水技术以保证生产成本最小化。因此，水价的提高可以激励或约束农户的节水行为，促进农户对节水技术的采用。

极端天气事件即发生旱灾对农户采用节水技术的影响并不显著。可能原因是传统型、农户型节水技术的采用成本较低，其采用覆盖率较广，而调查地区存在降水量减少的长期趋势，农户不管是否遇到旱灾都会采用农户型节水技术。社区型节水技术的采用成本高，工程量相对较大，建造起来时间消耗多，当旱灾发生时采用社区型节水技术可能会来不及。

在生产要素投入方面，从表7-7中可以看出，化肥投入和机械投入对农户采用节水技术起到正向作用。具体来说，当化肥投入提高10%时，农户采取节水技术的可能性提高3.08%；当机械投入提高10%时，农户采取节水技术的可能性提高5.02%。

农户特征变量方面，农户拥有的家庭财富对于农户采取节水技术措施具有积极作用（H_{h1}=0.086，表7-8），这一结果与上一章研究农户家庭财富对农户采取工程类适应措施的结果一致，说明相对富裕农户更有可能采用节水技术来抵消旱灾导致的粮食损失。户主受教育程度对节水技术措施的采用也具有显著的正向影响。具体而言，在其他条件不变的情况下，如果户主每增加一年的教育年限，农户采用节水技术的概率会增加3.2%（表7-8，第13行和第17行）。这与聂英（2015）研究发现一致，说明农户受教育水平越高，越愿意采用节水技术。农户文化程度越高，接受新事物和新技术能力越强，越容易把握机会。

在土地特征变量方面，地块地形对农户采用节水技术的影响系数为正，说明当地块地形为平地时，农户更愿意采用节水技术，这个原因也较好理解，因为农户在平地采取各种措施较为方便。

基于上述分析，本书发现，农业灌溉用水价格、农户家庭财富、农户参与的生产技术培训和农户的受教育程度等都显著影响农户采取节水技术。因此，政府应该加快建立和实施合理的农业水价制度，适当提高水价可以加强农户的节水意识，确保农业节水技术的推广并提高水资源的利用效率。此外，政府应加强农村的教育和培训力度，想办法增加农民收入。

7.3.4 节水技术适应措施效果

7.3.4.1 对粮食产出影响分析

种粮农户节水技术采用决策方程与粮食产出方程的联立结果见表7-8。其中第3列和第4列分别表示采取节水技术的农户与未采取农户粮食产出影响因素的估计结果。

第一，采用节水技术可以减少旱灾导致粮食的损失。例如，针对没有采用节水技术的农户，旱灾对粮食产量造成负面影响（-0.011），而对与采用节水技术的农户来说，旱灾对粮食产量有正向作用（0.069）。这表明，节水技术的采用减缓了旱灾对粮食产量造成的损失。

第二，农户的生产要素投入会显著影响粮食单产。化肥、农药、机械和劳动力对粮食单产都呈显著的正影响，但其系数均小于 1，表明所有要素的投入是缺乏弹性的。

第三，农户特征中，户主受教育程度对粮食单产具有显著促进作用。例如，未采取节水技术措施的农户，其户主的受教育程度每增加一年，粮食单产会增加 2.4%。

第四，地块特征中，土地面积对粮食单产的影响显著为正，说明种粮规模越大的农户，粮食产出水平越高，即土地规模经营可以保障粮食产量。

7.3.4.2 对粮食产出风险影响分析

节水技术对粮食产出风险影响的回归结果见表 7-9。其中第 3 列和第 4 列分别表示采取节水技术的农户与未采取农户粮食产出风险影响因素的估计结果。从整体结果来看，选择方程与结果方程误差项的相关系数 $\rho_{1\mu}$ 和 $\rho_{2\mu}$ 估计值通过 1% 的显著性水平，说明存在样本选择偏差。此外，$\rho_{1\mu}$ 和 $\rho_{2\mu}$ 符号相同，意味着种粮农户采用节水技术措施是基于分层排序。粮食产出风险影响因素的具体分析如下：

第一，在发生旱灾时，未采取节水技术农户的粮食生产风险为 0.083，高于采用节水技术农户的粮食生产风险（0.001），虽然系数不显著，但从某方面也可以说明采取节水可以降低粮食的生产风险。

第二，农户的生产要素投入会显著减少粮食的生产风险。从表 7-8 中可以看出，化肥、农药、机械和劳动力投入对粮食产出方差都呈显著的负向影响，这表明生产要素的投入会使粮食产出方差减少，使粮食生产风险降低。

第三，农户特征如农户家庭财富，户主受教育程度和耕地年限也会显著影响粮食产出风险。例如，针对采取节水技术的农户，生活耐用品价值每增加 1%，粮食产出风险会降低 0.028%。户主耕地年限每增加 1 年，粮食产出风险会降低 0.1%。

7.3.4.3 对粮食净收益影响分析

种粮农户节水技术选择方程与粮食净收益方程的联立结果见表 7-10。影响农户采取节水技术的因素与上述结果较为一致，不再赘述。从对粮食净收益影响的估计结果来看，要素投入弹性的大小和符号相比对粮食产出的影响有明显的差异。具体来说，化肥和农药对粮食单产具有显著的正向作用，而化肥和农药对粮食净收益的影响虽然不显著，但影响为负。

表 7-10　农户采用节水技术的影响因素及其对种粮净收益的影响

变量	节水技术选择决策	粮食净收益（对数值）	
		采用节水技术的农户	未采用节水技术的农户
是否发生旱灾 D_{ct}	-0.023	-0.106^{***}	-0.057^{***}
	(0.054)	(0.006)	(0.017)
化肥投入 $\log(I_{iht1})$	0.139	-0.016	0.046^{***}
	(0.093)	(0.017)	(0.017)
农药投入 $\log(I_{iht2})$	0.000	-0.005	-0.002
	(0.070)	(0.009)	(0.012)
机械投入 $\log(I_{iht3})$	0.334^{***}	0.036^{*}	-0.024
	(0.079)	(0.022)	(0.015)
劳动力投入 $\log(I_{iht4})$	0.058	0.027^{**}	-0.018
	(0.088)	(0.011)	(0.021)
生活耐用品价值 $\log(H_{ht1})$	0.114^{**}	0.011^{*}	0.001
	(0.054)	(0.007)	(0.022)
家庭成员在过去三年内是否参加农业生产技术培训 H_{ht2}	0.065	0.013	0.028
	(0.121)	(0.015)	(0.035)
户主性别 H_{ht3}	0.036	0.016	-0.196^{**}
	(0.214)	(0.032)	(0.092)
户主受教育程度 H_{ht4}	0.034^{**}	0.004^{*}	0.020^{***}
	(0.017)	(0.002)	(0.007)
户主耕地年限 H_{ht5}	-0.001	0.002^{**}	0.001
	(0.005)	(0.001)	(0.002)
耕地面积 F_{iht1}	-0.025	0.135^{***}	0.111^{***}
	(0.295)	(0.033)	(0.042)
地块地形 F_{iht2}	0.999^{***}	-0.008	0.029
	(0.243)	(0.031)	(0.048)
地块产权 F_{iht3}	0.163	0.022	-0.045
	(0.207)	(0.023)	(0.040)
是否是壤土 F_{iht42}	0.068	0.053^{***}	0.081
	(0.169)	(0.017)	(0.057)

（续）

变量	节水技术选择决策	粮食净收益（对数值）	
		采用节水技术的农户	未采用节水技术的农户
是否是黏土 F_{iht43}	0.017	0.053***	0.073
	(0.175)	(0.017)	(0.065)
工具变量			
农业灌溉用水价格 Z_{ct}	0.495***	—	—
	(0.056)	—	—
地区虚变量 P	YES	YES	YES
常数项	−4.034***	3.120***	2.946***
	(0.695)	(0.266)	(0.369)
σ_i	—	0.209***	0.276**
	—	(0.055)	(0.121)
ρ_j	—	0.165	−0.525
	—	(0.125)	(0.515)
观测值（地块）	3 760	3 015	745

注：括号内为稳健性标准误。

7.3.5 节水技术适应措施处理效应

表 7-11 给出了节水技术选择决策对粮食产出和粮食净收益的期望结果和平均处理效应的估计结果。（a）和（b）反映了粮食单产和粮食净收益真实期望值，（c）和（d）反映了两者的反事实结果。其中，ATT 的估计结果表明，对于采用节水技术的农户而言，节水技术的采用会显著提高粮食单产和净收益，使每公顷的平均粮食单产（粮食产量）和种粮净收益增加 14.92% 和 13.45%；同时，节水技术的采用会使粮食产出风险下降 11.61%。而 ATU 的估计结果则表明，如果没有采用节水技术的农户有机会采用节水技术，其平均粮食单产和粮食净收益将分别增加 3.5% 和 2.32%，粮食产出风险会减少 7.23%。

表 7 - 11　农户采用节水技术的平均处理效应

子样本	节水技术决策		处理效应	变化率（%）
	采用 节水技术	不采用 节水技术		
平均粮食单产（对数值）				
采用节水技术的地块	(a) 9.373	(c) 8.156	ATT=1.218***	14.92
未采用节水技术的地块	(d) 8.69	(b) 8.396	ATU=0.294***	3.50
平均粮食产出风险（对数值）				
采用节水技术的地块	(a) 0.198	(c) 0.224	ATT=−0.026***	−11.61
未采用节水技术的地块	(d) 0.231	(b) 0.249	ATU=−0.018***	−7.23
平均粮食净收益（对数值）				
采取节水技术的地块	(a) 3.434	(c) 3.027	ATT=0.407***	13.45
未采用节水技术的地块	(d) 3.27	(b) 3.196	ATU=0.073***	2.32

注：ATT 表示处理（即采用节水技术适应措施）对采用节水技术农户的影响，而 ATU 表示处理（即采用节水技术适应措施）对未采用节水技术农户的影响。

7.3.6　不同种类节水技术处理效应

表 7 - 12 按照不同种类的节水技术措施采用情况将地块分类，计算得出传统型、农户型和社区型节水技术的处理效应。从平均粮食单产来看，相比于反事实结果，实际采用传统型节水技术的农户的粮食单产会增加 10.22%，实际采用农户型节水技术的农户的粮食单产会增加 14.09%，实际采用社区型节水技术农的粮食单产会增加 14.00%。从平均粮食净收益来看，相比与反事实结果，实际采用传统型、农户型和社区型节水技术的农户的粮食净收益的增加比例分别为 4.09%、12.18% 和 14.52%。以上结果表明，种粮农户不管采用哪种节水技术，其粮食单产和种粮净收益都会有明显的提高。同时，相比与传统型节水技术，选择采用农户型节水技术和社区型节水技术的农户，其获得的粮食单产和粮食净收益的增加幅度会更高。

表 7 - 12　农户采用不同种类节水技术的平均处理效应

子样本	节水技术决策		处理效应	变化率（%）
	采用 节水技术	不采用 节水技术		
平均粮食单产（对数值）：				
采用传统型节水技术的地块	9.418	8.545	ATT=0.873***	10.22

（续）

子样本	节水技术决策		处理效应	变化率（%）
	采用 节水技术	不采用 节水技术		
采用农户型节水技术的地块	9.379	8.221	ATT=1.158***	14.09
采用社区型节水技术的地块	9.558	8.384	ATT=1.174***	14.00
平均粮食净收益（对数值）：				
采用传统型节水技术的地块	3.437	3.302	ATT=0.136***	4.09
采用农户型节水技术的地块	3.436	3.063	ATT=0.373***	12.18
采用社区型节水技术的地块	3.573	3.12	ATT=0.453***	14.52

注：ATT 表示处理（即采用节水技术适应措施）对采用不同种类节水技术农户的影响。

不同种类节水技术对粮食产量和粮食净收益影响的混合效应模型（POOL-OLS）也得出了相似结果（表7-13）。对粮食单产而言，传统节水技术的采用对粮食单产没有显著影响，而农户型节水技术和社区型节水技术的采用对粮食单产具有显著的促进作用，即在其他条件不变的情况下，采用农户型节水技术会使粮食单产增加8.5%；采用社区型节水技术会使粮食单产增加6.6%。对粮食净收益而言，传统节水技术的采用会使粮食净收益提高10.7%，而农户型节水技术和社区型节水技术的采用会使粮食净收益提高更多，幅度分别达到16.6%和14.3%。

表7-13　不同种类节水技术对粮食产量和种粮净收益影响（POOL-OLS）

解释变量	粮食单产（对数值）			粮食净收益（对数值）		
是否采用传统型节水技术	−0.002	—	—	0.107***	—	—
	(0.019)	—	—	(0.011)	—	—
是否采用农户型节水技术	—	0.085***	—	—	0.166***	—
	—	(0.022)	—	—	(0.013)	—
是否采用社区型节水技术	—	—	0.066**	—	—	0.143***
	—	—	(0.032)	—	—	(0.019)
是否发生旱灾 D_{ct}	−0.054***	−0.054***	−0.053***	−0.112***	−0.114***	−0.112***
	(0.015)	(0.015)	(0.015)	(0.009)	(0.009)	(0.009)
化肥投入 log (I_{iht1})	0.666***	0.666***	0.666***	0.214***	0.213***	0.212***
	(0.011)	(0.011)	(0.011)	(0.007)	(0.006)	(0.007)

（续）

解释变量	粮食单产（对数值）			粮食净收益（对数值）		
农药投入 log（I_{iht2}）	0.078***	0.078***	0.079***	0.033***	0.032***	0.035***
	(0.009)	(0.009)	(0.009)	(0.005)	(0.005)	(0.005)
总机械投入 log（I_{iht3}）	0.118***	0.112***	0.117***	0.081***	0.075***	0.085***
	(0.007)	(0.007)	(0.007)	(0.004)	(0.004)	(0.004)
总劳动力投入 log（I_{iht4}）	0.167***	0.167***	0.165***	0.015**	0.021***	0.017**
	(0.011)	(0.011)	(0.011)	(0.007)	(0.007)	(0.007)
生活耐用品价值 log（H_{ht1}）	0.014*	0.012	0.013	0.013***	0.009*	0.012**
	(0.008)	(0.008)	(0.008)	(0.005)	(0.005)	(0.005)
家庭成员是否参加农业生产技术培训 H_{ht2}	0.029	0.029	0.028	0.017	0.021*	0.019*
	(0.019)	(0.019)	(0.019)	(0.011)	(0.011)	(0.011)
户主性别 H_{ht3}	0.027	0.019	0.022	0.012	−0.003	0.002
	(0.037)	(0.037)	(0.037)	(0.022)	(0.022)	(0.022)
户主受教育程度 H_{ht4}	0.005*	0.005**	0.005**	0.003**	0.004***	0.004**
	(0.003)	(0.003)	(0.003)	(0.001)	(0.001)	(0.001)
户主耕地年限 H_{ht5}	0.002***	0.002***	0.002***	0.001***	0.001***	0.001***
	(0.001)	(0.001)	(0.001)	(0.000)	(0.000)	(0.000)
耕地面积 F_{iht1}	0.284***	0.284***	0.284***	0.156***	0.167***	0.168***
	(0.044)	(0.044)	(0.044)	(0.026)	(0.025)	(0.026)
地块地形 F_{iht2}	−0.223***	−0.255***	−0.225***	0.252***	0.223***	0.281***
	(0.036)	(0.036)	(0.035)	(0.021)	(0.021)	(0.021)
地块产权 F_{iht3}	−0.013	−0.017	−0.016	0.006	−0.004	−0.002
	(0.034)	(0.034)	(0.034)	(0.020)	(0.020)	(0.020)
是否是壤土 F_{iht42}	0.033	0.035*	0.027	0.047***	0.054***	0.037***
	(0.021)	(0.021)	(0.021)	(0.012)	(0.012)	(0.012)
是否是黏土 F_{iht43}	0.009	0.014	0.004	0.027**	0.036***	0.016
	(0.020)	(0.020)	(0.020)	(0.012)	(0.012)	(0.012)
地区虚变量 P	YES	YES	YES	YES	YES	YES
常数项	1.644***	1.647***	1.650***	0.180***	0.174***	0.180***
	(0.092)	(0.092)	(0.092)	(0.054)	(0.053)	(0.054)

注：括号内为标准误。

7.4 本章小结

本章以期望效用最大化为目标，关于种粮农户采取节水技术应对干旱方面，构建相应决策模型及效果模型，利用黄淮海地区五省遭遇干旱的种粮农户微观调查数据，采用内生转换模型实证分析农户采取节水技术的决定因素及其对粮食单产、粮食产出风险和种粮净收益的效果，并分析了不同种类节水技术的处理效应。结果如下。

首先，农业灌溉用水价格的提高对农户采取节水技术具有显著的促进作用。这说明在水资源短缺的情况下，水价可以优化水资源配置，激励农户的节水技术采用行为，提高水资源利用效率。因此，我国根据农户的成本收益，加快建立和实施合理的农业水价制度，以确保农业节水技术的推广及节水目标的实现。

其次，在应对干旱等极端天气事件时，农户采用节水技术可以增加粮食产量，减少对粮食产量造成的风险，确保农户的种粮净收益。因此，在我国极端天气事件发生频率趋势不断增加的背景下，节水技术可以有效应对极端天气事件的发生。各级政府应该通过各种方式加大为采用节水技术的农户提供资金补助和政策支持，以缓解气候变化对粮食生产带来的负面影响。

再次，不同种类的节水技术的采用比例存在较大差别。传统型节水技术和农户型节水技术的采用比例都远高于社区型节水技术。这说明投资成本较低的传统型节水技术和农户型节水技术更容易被农户采用，而投资成本高且需要群体合作的社区型节水技术较难推广。

最后，不同种类的节水技术对粮食产量和种粮净收益的影响有所不同。相比于传统型节水技术，农户型节水技术和社区型节水技术的采用会使其粮食产量和种粮净收益增加幅度更高。但由于社区型节水技术的投入资金量大且需要集体合作，其采用比例非常低。因此，国家更应该鼓励和支持农户选择更为先进的社区型节水技术，加快对社区型节水技术的采用补贴及资金、物力、人力等政策支持。

第8章 农户采用农田管理适应措施决定因素及效果

8.1 引言

农田管理措施是有效应对气候变化的适应措施。农学专家已经利用作物模型模拟与实验研究得出结论，采用农田管理措施会显著影响农业生产，在未来气候变化场景下，农田管理措施对农作物产量起到显著的促进作用（Babel and Turyatunga，2015；Deb et al.，2016；Lashkari et al.，2012）。同时，基于经济学理论的研究也指出农田管理措施可以有效应对气候变化。例如，Wang et al.（2018），陈煌（2014）和汪阳洁（2014）侧重于分析加强灌溉强度应对极端天气事件的效果，研究一致认为，加强灌溉强度可以有效抵御旱灾导致的粮食损失，保证粮食产量，减少粮食产出风险。Shiferaw et al.（2014）和 Huang et al.（2015）研究认为，农户更改作物品种可以有效提高粮食单位面积产量，减少产出风险，提高家庭粮食安全。此外，在应对气候变化时，农田管理适应措施具有方便采用且投入成本低的特点，因此有助于农户在生产中推广使用（Huang et al.，2015；杨宇等，2016）。

在第四章中，已经发现调整粮食作物品种、调整粮食播种收获日期、调整排灌强度、调整灌溉时间、调整施肥时间、补种（苗）、扶苗定苗洗苗，以及调整生产要素投入等是农户应对极端天气事件的重要农田管理适应措施。因此，本章主要探究农田管理措施采用的决定因素，以了解农户适应气候变化的决策机理。并在此基础上，本章分析农户采用农田管理适应措施对粮食单产和种粮净收益的影响，以进一步分析农田管理适应措施的有效性。为实现上述目的，本章从以下几个方面开展具体研究：进行数据统计描述，初步分析农户采用农田管理措施与粮食产量和种粮净收益之间的关系；设定具体内生转换模型；根据实证结果具体分析农户采用农田管理措施的决定因素，以及对粮食产出和种粮净收益的效果；阐述结论并提出相应的政策建议。

8.2 数据描述统计

表4-8已经描述了农户采取农田管理措施比例在灾害年和正常年的差别，可以看出，农户在灾害年采用农田管理措施的比例显著高于正常年。这一结果初步表明当面对灾害时，农户采取农田管理措施的可能性更大。那么，极端天气的发生是否对农户采用农田管理适应措施具有正向影响？需要通过建立模型进一步分析。

表8-1描述了农户参加农业保险与粮食单产和种粮净收益的关系。研究发现，采用农田管理措施地块的粮食单产和种粮净收益均高于未采用农田管理措施的地块。例如，在旱灾年中，采用农田管理措施地块的平均粮食单产和种粮净收益为11 595.73千克/公顷和13 130元/公顷，高于未采用农田管理措施地块的平均粮食单产（11 233.55千克/公顷）和种粮净收益（12 780元/公顷）。那么，农户采用农田管理措施是否可以有效增加粮食单产和种粮净收益？需要通过建立模型进一步研究分析。

表8-1 采用农田管理措施与粮食单产、种粮净收益之间统计描述

年份	粮食单产（千克/公顷）		种粮净收益（千元/公顷）	
	采用农田管理措施	未采用农田管理措施	采用农田管理措施	未采用农田管理措施
干旱				
受灾年	11 595.73	11 233.55	13.13	12.78
正常年	12 395.58	12 152.22	15.90	15.60
洪涝				
受灾年	11 949.61	11 813.08	15.25	14.40
正常年	12 571.32	11 867.97	15.50	14.70

8.3 模型设定

基于第三章的理论假设和理论模型，本章采用内生转换模型（ESRM）分析农户采用农田管理措施的决定因素，以及对粮食产出和种粮净收益的影响。

农户采用农田管理措施决定因素的具体模型如下：

$$AF_{iht} = \alpha_0 + \alpha_1 Z_{ht} + \alpha_2 C_{ct} + \alpha_3 I_{iht} + \alpha_4 V_{vt} + \alpha_5 H_{ht} + \alpha_6 F_{iht} + \alpha_7 P + \mu_{iht}$$

$$(8.1)$$

是否采用农田管理措施对粮食产出和种粮净收益的结果方程模型具体如下：

$$Y_{1iht} = \beta_0 + \beta_1 AF_{1iht} + \beta_2 C_{1ct} + \beta_3 I_{1iht} + \beta_4 H_{1ht}$$
$$+ \beta_5 F_{1iht} + \beta_6 P_1 + \varepsilon_{1iht} \qquad if\ AF_{iht} = 1 \qquad (8.2a)$$

$$Y_{2iht} = \beta'_0 + \beta'_1 AF_{2iht} + \beta'_2 C_{2ct} + \beta'_3 I_{2iht} + \beta'_4 H_{2ht}$$
$$+ \beta'_5 F_{2iht} + \beta'_6 P_2 + \varepsilon_{2iht} \qquad if\ AF_{iht} = 0 \qquad (8.2b)$$

模型（8.2a）和（8.2b）分别表示采用农田管理农户和未采用农户的结果方程。其中，下标 i 和 h 分别为地块和农户，v 和 c 分别为村和县，t 为年份。α，β，β' 为参数估计向量，μ_{iht}，ε_{1iht}，ε_{2iht} 为误差项。AF_{iht} 为采用农田管理措施变量，具体指农户针对不同地块是否调整粮食作物品种、调整粮食播种收获日期、调整排灌强度、调整灌溉时间、调整施肥时间、补种（苗）、扶苗定苗洗苗或调整生产要素投入。Y_{iht} 为粮食单产和种粮净收益。其中，粮食单产表示每公顷粮食的综合产量，种粮净收益是通过粮食的总价值减去化肥、农药、机械等生产要素的实际投入和雇工费用，以及农田管理中的其他成本来衡量的，没有考虑土地成本和人工成本中的家庭用工折价。其他变量定义与第六章和第七章的相同。

8.4 实证结果分析

8.4.1 采用农田管理适应措施决定因素

表8-2和表8-3（第2列）列出了关于农户采用农田管理措施决定因素的估计结果，表明农户应对气候变化采取工程类适应措施的驱动力。具体分析如下：

表8-2 农户采用农田管理适应措施影响因素及其对粮食单产的影响

变量	采用农田管理措施	粮食单产（对数值）	
		采用措施的农户	未采用措施的农户
平均气温 log（LCM_T）	0.169	0.063	−0.197
	(4.594)	(0.356)	(5.585)
平均降水 log（LCM_P）	−0.100	−0.333	−0.352
	(1.217)	(0.211)	(1.425)
是否为旱灾年 D_D	0.231	0.049	−0.202
	(1.609)	(0.096)	(2.593)

（续）

变量	采用农田管理措施	粮食单产（对数值）	
		采用措施的农户	未采用措施的农户
是否为涝灾年 D_F	0.380	0.042	−0.355
	(1.104)	(0.091)	(2.959)
化肥投入 log（I_{iht1}）	0.303	0.586***	0.418
	(0.651)	(0.130)	(2.852)
农药投入 log（I_{iht2}）	0.072	0.091	0.089
	(0.524)	(0.057)	(0.173)
机械作业投入 log（I_{iht3}）	0.032	0.099***	0.082
	(0.029)	(0.031)	(0.090)
劳动力投入 log（I_{iht4}）	0.298***	0.120***	0.316
	(0.078)	(0.041)	(1.373)
家庭财富 log（H_{ht1}）	−0.018	0.031**	−0.004
	(0.060)	(0.014)	(0.090)
生产技术培训 H_{ht2}	0.136*	0.028	0.130
	(0.072)	(0.027)	(0.675)
户主性别 H_{ht3}	0.117	0.024	0.139
	(1.112)	(0.091)	(0.924)
户主受教育程度 H_{ht4}	0.001	−0.001	0.005
	(0.050)	(0.005)	(0.038)
户主耕地年限 H_{ht5}	−0.001	0.001	−0.001
	(0.004)	(0.001)	(0.026)
耕地面积 F_{iht1}	0.495	0.195**	0.573
	(1.512)	(0.096)	(0.741)
耕地地形 F_{iht2}	−0.005	−0.067	0.080
	(1.242)	(0.124)	(1.449)
耕地是否是从他人手中转入 F_{iht3}	−0.328	−0.036	−0.321
	(0.254)	(0.062)	(1.672)
是否是壤土 F_{iht42}	−0.046	−0.021	−0.020
	(0.555)	(0.035)	(0.550)
是否是黏土 F_{iht43}	−0.010	−0.029	0.031
	(0.397)	(0.038)	(0.702)

（续）

变量	采用农田管理措施	粮食单产（对数值）	
		采用措施的农户	未采用措施的农户
政府是否提供气象预警防治信息 Z_{ht}	0.071	—	—
	(3.080)	—	—
地区虚变量	YES	YES	YES
常数项	−3.482	4.589***	7.237
	(9.771)	(1.314)	(29.094)
σ_i	—	−0.818***	0.054
	—	(0.174)	(5.787)
ρ_j	—	−0.292	3.148
	—	(0.387)	(67.230)
观察值	5 138	3 098	2 040

注：括号内为稳健性标准误。

表 8-3　农户采用农田管理措施影响因素及其对种粮净收益的影响

变量	采用农田管理措施	种粮净收益（对数值）	
		采用措施的农户	未采用措施的农户
平均气温 log（LCM_T）	−0.130	0.235***	0.231***
	(0.146)	(0.037)	(0.072)
平均降水 log（LCM_P）	0.211	−0.166**	−0.172*
	(0.303)	(0.073)	(0.091)
是否为旱灾年 D_D	0.274***	−0.015	−0.123***
	(0.062)	(0.054)	(0.020)
是否为涝灾年 D_F	0.492***	0.111	−0.077**
	(0.104)	(0.098)	(0.038)
化肥投入 log（I_{iht1}）	−0.059	0.021	0.020
	(0.046)	(0.014)	(0.023)
农药投入 log（I_{iht2}）	0.044	−0.003	0.004
	(0.035)	(0.011)	(0.011)
机械作业投入 log（I_{iht3}）	0.036	0.003	0.005
	(0.027)	(0.007)	(0.011)

（续）

变量	采用农田管理措施	种粮净收益（对数值）	
		采用措施的农户	未采用措施的农户
劳动力投入 log（I_{iht4}）	0.194***	−0.020	0.033
	(0.066)	(0.017)	(0.043)
家庭财富 log（H_{ht1}）	−0.026	0.005	0.002
	(0.030)	(0.008)	(0.010)
生产技术培训 H_{ht2}	0.137**	0.030	0.033
	(0.068)	(0.018)	(0.031)
户主性别 H_{ht3}	−0.025	−0.010	0.002
	(0.166)	(0.042)	(0.054)
户主受教育程度 H_{ht4}	0.001	0.001	0.007**
	(0.010)	(0.002)	(0.003)
户主耕地年限 H_{ht5}	−0.004	0.001	0.000
	(0.003)	(0.001)	(0.001)
耕地面积 F_{iht1}	0.317*	0.072*	0.245***
	(0.190)	(0.043)	(0.085)
耕地地形 F_{iht2}	0.106	0.041	0.068
	(0.147)	(0.037)	(0.053)
耕地是否是从他人手中转入 F_{iht3}	−0.235**	0.048*	−0.073
	(0.102)	(0.029)	(0.051)
是否是壤土 F_{iht42}	−0.064	0.041**	0.032
	(0.075)	(0.020)	(0.027)
是否是黏土 F_{iht43}	0.011	0.036**	0.044**
	(0.069)	(0.018)	(0.023)
政府是否提供气象预警防治信息 Z_{ht}	0.126	—	—
	(0.089)	—	—
地区虚变量	YES	YES	YES
常数项	−1.229	3.861***	3.867***
	(1.866)	(0.503)	(0.575)
σ_i	—	−1.250***	−1.145***
	—	(0.261)	(0.422)

（续）

变量	采用农田管理措施	种粮净收益（对数值）	
		采用措施的农户	未采用措施的农户
ρ_j	—	-1.642^*	1.668
	—	(0.969)	(1.402)
观察值	5 138	3 098	2 040

注：括号内为稳健性标准误。

第一，极端天气会显著影响农户采用农田管理措施，即面对极端灾害时，农户会积极采用农田管理措施应对。具体来说，当遭遇旱灾时，农户采用农田管理措施的可能性会显著增加 27.4%（表 8-3，第 5 行）；当遭遇涝灾时，农户采用农田管理措施的可能性会显著增加 49.2%（表 8-3，第 7 行）。

第二，农户参与生产技术培训对采用农田管理措施具有显著的正向影响。具体而言，如果农户接受过生产技术培训，那么采用农田管理措施的概率将增加 13.6%～13.7%（表 8-2 和 8-3，第 19 行）。

第三，耕地特征对农户采用农田管理措施以应对气候变化也产生重大影响。耕地面积越大，农户采用农田管理的可能性就越高（0.317，表 8-3，第 27 行）。然而，耕地如果是从他人手中流转入的，那么农户采用农田管理的可能性就会降低（-0.235，表 8-3，第 31 行）。这说明如果耕地产权为他有，农户采用适应性措施的积极性就会降低，而如果耕地为自有责任田，农户更愿意采用适应措施应对气候变化。

8.4.2　粮食产量的影响因素

采用农田管理措施的农户与未采用农田管理措施的农户的粮食产量影响因素的估计结果见表 8-2 的第 3 列和第 4 列。从估计结果可以看出，采用农田管理措施可以减少自然灾害对粮食产量造成的损失。例如，旱灾和涝灾对未采用农田管理农户的粮食单产影响虽然不显著，但存在负向性，而这两种灾害对采用农田管理措施的农户的粮食单产产生正向影响。

生产要素的投入会对粮食单产、尤其是采用农田管理措施的农户的粮食单产产生显著的正向影响。例如，采用措施的农户将化肥投入增加 1%，在其他要素保持不变情况下，粮食单产会增加 0.586%；同理，机械投入和劳动力投入增加 1%，粮食单产也会相应增加 0.099% 和 0.120%。然而，本书发现，生产要素投入的系数均小于1，这表明生产要素的投入是缺乏弹性的。也就是说，农户对化肥等要素投入量大，额外增加1单位的要素投入对促进粮食增产影响不大。

此外，耕地面积的增加对提高粮食单产也发挥着积极作用，说明规模报酬会促进农户粮食产量的增加。

8.4.3　种粮净收益的影响因素

表8-3的第3列和第4列显示了两组农户的粮食净收益函数的估计结果。本书发现，农户采用农田管理措施会显著减少气候变化对种粮净收益造成的损失。例如，长期平均降水对未采用农田管理措施的农户的种粮净收益具有显著的负面影响（-0.172），对采用措施农户的粮食产量也产生着负面影响（-0.166），这一系数的变化意味着平均降水量增加1%，采用农田管理措施的农户比不采用措施的农户减少了0.006%的产量损失。同时，旱灾和涝灾对未采用农田管理措施的农户的粮食净收益产生显著的负向影响，这两种灾害对采用农田管理措施的农户的粮食净收益不存在显著影响。

8.4.4　采用农田管理适应措施的处理效应

表8-4给出了采用农田管理措施决策对粮食单产和粮食净收益的期望结果和平均处理效应的估计结果。（a）和（b）反映了采用农田管理措施的地块和未采用措施的地块的粮食单产和粮食净收益的真实期望值，（c）和（d）为反事实情况下预期的粮食单产和粮食净收益。由于两组农户不同，引起选择偏差，导致平均处理效应估计（ATT和ATU）及变化率都有所不同。

表8-4　农户采用农田管理措施的平均处理效应

子样本	采用农田管理措施决策		处理效应	变化率（%）
	采用	未采用		
平均粮食单产（对数值）				
采用农田管理的地块	(a) 10.889	(c) 9.253	ATT=1.636***	17.68
未采用农田管理的地块	(d) 9.36	(b) 8.98	ATU=0.38***	4.23
平均粮食净收益（对数值）				
采用农田管理的地块	(a) 3.912	(c) 3.4	ATT=0.511***	15.03
未采用农田管理的地块	(d) 3.823	(b) 3.422	ATU=0.401***	11.72

注：ATT表示处理（即采用农田管理适应措施）对采用农田管理措施农户的影响，而ATU表示处理（即采用农田管理适应措施）对未采用农田管理措施农户的影响。***表示通过了1%的显著性水平。

其中，ATT 的估计结果表明，对于采用农田管理措施的农户而言，采用农田管理措施会显著增加粮食单产和种粮净收益，使每公顷粮食单产和粮食净收益增加幅度分别达到 17.68% 和 15.03%。ATU 的估计结果则表明，如果没有采用农田管理措施的农户进行农田管理，会使其地块的粮食单产和净收益分别增加 4.23% 和 11.72%。因此，农户采用农田管理措施可以增加粮食产出和保证农户的种粮净收益。

8.5　本章小结

本章通过考察正常年和灾害年间粮食产量和种粮净收益与农户采用农田管理措施之间的关系，利用内生转换模型实证分析了农户采用农田管理措施的决定因素及效果，得出的研究结果和政策启示如下。

首先，极端天气会显著影响农户采用农田管理措施。也就是说，农户是自然灾害风险的厌恶者，当自然灾害发生时，农户会积极采用农田管理措施。

其次，农田管理措施是有效应对长期气候变化和极端天气事件的适应性措施。从内生转换模型的估计结果可以看出，农户采用农田管理措施，会显著减少极端天气事件对种粮收益造成的损失，并保证种粮净收益。从农户采用农田管理措施的平均处理效应结果可以看出，对于采用农田管理措施的农户而言，采用农田管理措施会显著提高粮食单产和种粮净收益，使每公顷粮食单产和种粮净收益增加幅度分别达到 17.68% 和 15.03%。因此，农户的农田管理对于应对农业生产中的气候变化风险至关重要。

第9章 农户采用风险管理适应
措施决定因素及效果

9.1 引言

风险管理措施如农业保险，即可管控粮食生产风险，也可管控粮食价格的波动风险。另外，其不仅有助于分散农业生产风险，也可以补偿农民的经济损失，保障种粮农户利益。近年来中国政府一直致力于建立和完善政策性农业保险制度，不断加大对农业保险保费的支持力度。从 2004 年开始，中央 1 号文件连续 14 年都强调发展农业保险的重要性（姜岩和李扬，2012；叶明华等，2016；袁祥州，2016）。

第七章和第八章分别对非工程类适应措施中的节水技术和农田管理措施的影响因素及其效果进行了分析。研究结果为这些适应措施在应对极端天气事件时发挥了积极作用，对提高粮食产量，减少粮食产出风险，保证种粮净收益具有显著成效。那么，风险管理措施是否发挥着同样作用？此外，研究发现，农业保险与农户粮食生产之间没有直接关系，农户参与农业保险仅可以通过影响农户的农资投入和耕地面积投入，进而影响粮食产量，它们之间只存在间接关系（闫继蕾，2016；徐斌、孙蓉，2016）。因此，本章以参与农业保险为例，评估农户采用风险管理适应措施的决定因素及其对种粮净收益的效果。

为实现该目标，本书从以下几个方面开展具体研究：数据统计描述，初步分析农户参与农业保险与种粮净收益之间的关系；设定具体实证模型并描述参与农业保险农户与未参与农业保险农户的变量特征差异；根据实证结果具体分析参与农业保险的决定因素，以及农业保险对种粮净收益的效果。最后，为本章总结。

9.2 数据描述统计

本章所使用的数据见表 3-1。具体来说，样本包括 5 个省，15 个县，45

个乡镇，135 个村，1 348 个农户，2 569 个地块。有 4 个县（易县、陵县、响水、兴化）在过去三年内遭受过涝灾，有 11 个县份在过去三年内遭受过旱灾。

表 4-9 报告了不同受灾地块上农户参与农业保险的情况。从表中可以看出，当面对洪涝灾害时，农户在受灾年参与农业保险的比例高于正常年，例如，农户在受灾年参与农业保险的比例为 69.1%，高于在正常年参与农业保险的比例（58.1%）。第二，遭受洪涝灾害的地块的农户采用农业保险的比例（63.6%）高于遭受干旱灾害的地块的农户的比例（49.9%）。

表 9-1 描述了参与农业保险与种粮净收益[①]的关系。初步发现，参与农业保险地块的种粮净收益均高于未参与农业保险的地块的种粮净收益。例如，针对遭受过干旱的地块，参加农业保险地块的平均净收益为 15 680 元/公顷，未参与农业保险地块的平均净收益为 12 960 元/公顷。种粮净收益在不同地块（是否参加农业保险）上的差距主要是由参与农业保险引起的，还是由不同地块异质性引起的，需要进一步探讨。

表 9-1　参与农业保险与种粮净收益之间的统计描述关系

年份	种粮净收益（千元/公顷）	
	参与农业保险	未参与农业保险
干旱		
受灾年	14.27	11.58
正常年	17.09	14.34
平均	15.68	12.96
洪涝		
受灾年	14.33	16.09
正常年	14.58	15.44
平均	14.46	15.77

注：样本县中有 11 个县遭受干旱灾害，且 2011 年为受灾年，2012 年为正常年。有 4 个县遭受洪涝灾害，其中 3 个县 2012 年为受灾年，2011 年为正常年，1 个县 2011 年为受灾年，2012 年为正常年（表 3-1）。

---

① 种粮净收益中没有考虑土地成本和人工成本中的家庭用工折价，因此本书计算得出的粮食净收益与《全国农产品成本收益资料汇编》中的粮食净收益相比较高。

本书简单统计描述了不同受灾地块上农户参与农业保险的比例，以及参与农业保险对粮食单产和种粮净收益的影响，得出以下初步结论：首先，农户在受灾年参与农业保险的比例高于正常年；其次，参与农业保险地块的种粮净收益要明显高于未参与农业保险的地块的种粮净收益。为了精确衡量这些差异是否是由参与农业保险引起的，本书下一节将引入计量模型，对农户参与农业保险的决定因素及其对粮食单产收益的影响进行定量分析。

9.3 模型设定与变量描述

9.3.1 实证模型设定

根据第三章的理论假设和理论模型，本章采用内生转换模型（ESRM）分析农户参与农业保险的决定因素，以及其对粮食产出、生产风险和种粮净收益的影响。

关于农户参与农业保险决定因素的具体模型如下：

$$AI_{iht} = \alpha_0 + \alpha_1 Z_{ht} + \alpha_2 C_{ct} + \alpha_3 I_{iht} + \alpha_4 V_{vt} + \alpha_5 H_{ht} + \alpha_6 F_{iht} + \alpha_7 P + \mu_{iht}$$

$$(9.1)$$

是否参与农业保险对粮食产出、生产风险和种粮净收益的结果方程模型具体如下：

$$Y_{1iht} = \beta_0 + \beta_1 AI_{1iht} + \beta_2 C_{1ct} + \beta_3 I_{1iht} + \beta_4 H_{1ht}$$
$$+ \beta_5 F_{1iht} + \beta_6 P_1 + \varepsilon_{1iht} \quad \text{if } AI_{iht} = 1 \quad (9.2a)$$

$$Y_{2iht} = \beta'_0 + \beta'_1 AI_{2iht} + \beta'_2 C_{2ct} + \beta'_3 I_{2iht} + \beta'_4 H_{2ht} + \beta'_5 F_{2iht}$$
$$+ \beta'_6 P_2 + \varepsilon_{2iht} \quad \text{if } AI_{iht} = 0 \quad (9.2b)$$

模型（9.2a）和（9.2b）分别表示参与农业保险农户和未参与农业保险农户的结果方程。其中，下标 i 和 h 分别为地块和农户，v 和 c 分别为村和县，t 为年份。α，β，β' 为参数估计向量，μ_{iht}，ε_{1iht}，ε_{2iht} 为误差项。

9.3.2 变量定义与统计

上述模型中，各个变量定义及统计描述，以及农业保险的参与农户与未参与农户之间特征差异见表 9-2。由于模型中只考虑正常年和受灾年变量，因此该表中剔除了 2010 年数据，只保留 2011 年和 2012 年数据，共计 5 138 个观测值。具体分析如下。

表9-2 参与农业保险农户与未参与农户特征差异

变量名称	变量单位	均值	参与农户	未参与农户	差异
被解释变量					
是否参与农业保险 AI_{iht}	1=是；0=否	0.54	—	—	—
粮食净收益 Y_{iht}	千元/公顷	14.48	15.3	13.52	1.78***
工具变量					
政府是否提供气象预警防治信息 Z_{ht}	1=是；0=否	0.16	0.2	0.12	0.08***
被解释变量					
气候变化变量：					
平均气温 LCM_T	1983—2012（℃）	13.46	14.06	12.76	1.3***
平均降水 LCM_P	1983—2012（mm）	721.05	751.99	685.3	66.69***
是否为旱灾年 D_D	1=是；0=否	0.37	0.33	0.4	−0.07***
是否为涝灾年 D_F	1=是；0=否	0.13	0.17	0.09	0.08***
生产要素投入 I_{iht}：					
化肥投入 I_{iht1}	元/公顷	4 933.65	5 027.57	4 825.15	202.42***
农药投入 I_{iht2}	元/公顷	920.26	882.69	963.66	−80.97***
机械作业投入 I_{iht3}	元/公顷	2 745.87	2 877.37	2 593.95	283.42***
劳动力投入 I_{iht4}	劳动日/公顷	101	88.82	115.07	−26.25***
农户特征 H_{ht}：					
家庭财富 H_{ht1}	家庭耐用品价值（千元）	10.38	11.24	9.38	1.86***
生产技术培训 H_{ht2}	1=是；0=否	0.31	0.37	0.24	0.13***
户主性别 H_{ht3}	1=男性；0=女性	0.96	0.96	0.955	0.005
户主受教育程度 H_{ht4}	年份	6.91	7.01	6.8	0.21**
户主耕地年限 H_{ht5}	年份	35.27	34.9	35.7	−0.8**
地块特征 F_{iht}：					
耕地面积 F_{iht1}	公顷	0.2	0.198	0.197	0.001
耕地地形 F_{iht2}	1=平地；0=其他	0.92	0.95	0.88	0.07***
耕地产权 F_{iht3}	1=是；0=否	0.93	0.94	0.92	0.02***
是否是沙土 F_{iht41}	1=是；0=否	0.28	0.22	0.35	−0.13***
是否是壤土 F_{iht42}	1=是；0=否	0.33	0.38	0.26	0.12***
是否是黏土 F_{iht43}	1=是；0=否	0.39	0.4	0.38	0.02

9.3.2.1 选择决策变量与效果变量

AI_{iht} 为参与农业保险变量，具体指农户针对不同地块是否投入农业保险，如果农户参与农业保险，用 1 来代表，否则为 0。表 9-2 显示有 54% 的农户采用了农业保险措施参与农业保险。

Y_{iht} 为每公顷种粮平均净收益，通过粮食的总价值减去化肥、农药、机械和劳动力等生产要素投入成本来衡量。表 9-2 表明，农户地块种粮净收益为每公顷 14 480 元。

9.3.2.2 工具变量

Z_{iht} 为农户选择决策方程（9.1）中 AI_{iht} 的工具变量，具体用是否获取公共气候的预警防灾信息来表示，即农户是否通过气象站发布的电视、广播、手机短信，农业技术站和各级发布的紧急灾害文件等来获取公共气候信息。表 9-2 显示有 16% 的农户通过上述方式获取了公共气候信息，且参与农业保险的农户也比未参与的农户所获得的气候信息更多。

9.3.2.3 解释变量

首先，气候变化变量 C_{ct} 包括长期气候变化和极端天气事件。长期气候变化具体用过去三十年（1983—2012 年）平均温度 LCM_T 和平均降水 LCM_P 来表示。极端天气事件变量包括两个，是否为旱灾年 D_D 或是否为涝灾年 D_F，即县级层面在 2010—2012 年遭遇了严重干旱或洪涝。

第二，生产要素投入变量 I_{iht}，包括化肥、农药、机械所花费的成本及劳动力投入总量（包括自身劳动力和雇佣劳动力）。表 9-2 显示，化肥、农药和机械作业的平均每公顷的投入成本分别为 4 933.65 元，920.26 元和 2 745.87 元，劳动力投入为平均每公顷 101 劳动日。相比于未参与农业保险的农户，参与农业保险的农户在化肥投入和机械投入方面明显要更多；然而在农药投入和劳动力投入方面，参与农业保险的农户比未参与农业保险的农户的投入力度明显要低。

第三，农户特征 H_{ht} 包括以下变量：农户拥有的财富 H_{ht1} 以家庭耐用品价值来表示，样本农户的家庭耐用品价值平均为 10 380 元，且参与农业保险农户的家庭耐用品价值比未参与农业保险的农户高出 1 860 元；H_{ht2} 表示三年内（2010—2012 年）是否有家庭成员参加了关于生产技术培训，结果显示有 31% 的农户接受了培训，且参与农业保险农户参加培训的比例明显高于未参与农户；H_{ht3} 表示户主性别，有 96% 的户主为男性；户主的受教育程度用 H_{ht4} 表示，整体的平均受教育年限为 6.91 年，相当于初中文化。在应对气候变化时，受教育程度高的农户参与农业保险的可能性更大。用户主的耕地年限 H_{ht5} 来表示农户种地经验，样本中户主的耕地年限平均为 35.27 年。

第四，耕地特征 F_{iht} 包括以下变量：耕地面积 F_{iht1}，样本地块的耕地面积平均仅为 0.2 公顷，说明我国户均耕地面积小，且地块分散。耕地地形 F_{iht2} 表示地块是否为平地。样本地块中有 92% 的耕地面积是平地，8% 是山地等其他地形。耕地产权 F_{iht3} 用来衡量是否是自有责任田，该变量对于探索中国的土地制度和土地租赁市场非常重要。在样本中，有 92% 的地块是自有责任田，只有 8% 的耕地是农户从他人手中转入的，说明大家对土地流转的积极性不高。F_{iht41} 表示土壤类型是否为沙土；F_{iht42} 表示土壤类型是否为壤土；F_{iht43} 表示是土壤类型是否为黏土。最后，本书用省级虚拟变量 P（省级固定效应）来控制地区因素的影响。

9.4　实证结果分析

9.4.1　内生性检验及工具变量有效性检验

当使用参与农业保险的适应措施变量来分析对粮食净收益的影响时，农户是否参与保险决策可能存在内生性问题，因此首先需要检验变量 AI_{iht} 是否为内生解释变量。根据 Durbin – Wu – Hausman 检验结果来看，Durbin（score）χ^2（1）$=$ 20.578，Wu – Hausman $F(1, 5113) =20.561$，都通过了 1% 的显著性水平，因此拒绝农户是否参与保险变量 AI_{iht} 为外生变量的假设，验证了参与农业保险变量 AI_{iht} 是内生解释变量。

与第六章和第七章检验工具变量方法相似，根据有效的工具变量会显著影响农户决策，而不是直接影响种粮净收益这一原则，本书选择政府是否提供气象预警防灾信息 Z_{ht} 作为 AI_{iht} 的工具变量。从表 9 – 3 的检验结果可以看出，Probit 模型结果表明，政府提供灾害预警防灾信息对农户参与农业保险起到显著的促进作用。粮食收益影响的混合效应 OLS 模型表明，政府提供气象公共信息对未参与农业保险农户的粮食净收益没有显著影响。因此，本书认为将政府是否提供气象预警防灾信息 Z_{ht} 作为农户参与农业保险决策的工具变量是有效的。

表 9 – 3　农业保险工具变量的外生性检验

工具变量	是否参与农业保险		粮食净收益（对数值）	
	系数	t 值	系数	t 值
政府是否提供气象预警防灾信息 Z_{ht}	0.393***	8.11	−0.037	−0.49
常数项	0.028	1.45	9.124***	23.41
观察值	5 138		2 384	

9.4.2 参与农业保险决定因素

表9-4（第2列）列出了关于农户参与农业保险决定因素的估计结果，表明农户为应对气候变化参与农业保险的驱动力。

表9-4 农户参与农业保险决定因素及对种粮净收益影响

变量	参与农业保险	种粮净收益（对数值）	
		参与农户	未参与农户
平均气温 log（LCM_T）	0.663***	0.252***	0.216***
	(0.163)	(0.048)	(0.047)
平均降水 log（LCM_P）	−0.790**	−0.321***	−0.028
	(0.356)	(0.080)	(0.098)
是否为旱灾年 D_D	0.181***	−0.074***	−0.096***
	(0.045)	(0.009)	(0.015)
是否为涝灾年 D_F	0.598***	0.053**	0.039
	(0.064)	(0.027)	(0.061)
化肥投入 log（I_{iht1}）	0.153***	0.006	0.020
	(0.053)	(0.021)	(0.015)
农药投入 log（I_{iht2}）	0.028	−0.004	0.007
	(0.035)	(0.007)	(0.008)
机械作业投入 log（I_{iht3}）	0.013	0.003	−0.002
	(0.037)	(0.009)	(0.008)
劳动力投入 log（I_{iht4}）	−0.004	−0.018*	0.009
	(0.051)	(0.011)	(0.011)
家庭财富 log（H_{ht1}）	0.109***	0.010	0.004
	(0.038)	(0.008)	(0.011)
生产技术培训 H_{ht2}	0.219***	0.032**	−0.001
	(0.084)	(0.015)	(0.029)
户主性别 H_{ht3}	−0.252	−0.013	0.013
	(0.175)	(0.037)	(0.034)
户主受教育程度 H_{ht4}	0.018	0.003	0.005**
	(0.012)	(0.002)	(0.003)

（续）

变量	参与农业保险	种粮净收益（对数值）	
		参与农户	未参与农户
户主耕地年限 H_{ht5}	−0.006*	0.001	0.001
	(0.003)	(0.001)	(0.001)
耕地面积 F_{iht1}	0.369**	0.122***	0.146***
	(0.175)	(0.041)	(0.045)
耕地地形 F_{iht2}	−0.003	0.120***	0.046
	(0.158)	(0.032)	(0.037)
耕地产权 F_{iht3}	0.014	0.010	−0.014
	(0.118)	(0.022)	(0.023)
是否是壤土 F_{iht42}	−0.028	−0.001	0.077***
	(0.095)	(0.017)	(0.023)
是否是黏土 F_{iht43}	0.010	0.005	0.060***
	(0.087)	(0.016)	(0.019)
政府是否提供气象预警防治信息 Z_{ht}	0.166**	—	—
	(0.077)	—	—
地区虚变量 P	YES	YES	YES
常数项	1.590	4.813***	2.710***
	(2.245)	(0.472)	(0.557)
σ_i	—	0.184***	0.245***
	—	(0.028)	(0.074)
ρ_j	—	0.034	−0.168
	—	(0.424)	(0.598)
观察值（地块数）	5 138	2 754	2 384

注：括号内为稳健性标准误。

第一，从表中可以看出，获得灾害预警防灾信息对农户参与农业保险起着显著的正向影响。这表明如果农户能够及时获取气候信息，他们参与农业保险的可能性就会提高。

第二，气候变化会显著影响农户参与农业保险决策。具体来说，当遭遇旱灾时，农户参与农业保险的可能性会显著增加 18.1%（表 9-4，第 5 行）；当遭遇涝灾时，农户参与农业保险的可能性会显著增加 59.8%（第 7 行）；长期年均气温每上升 1℃，农户参与农业保险的可能性也会显著增加（第 1 行）。然而长期年均降水对农户参与农业保险决策却起到相反作用（第 3 行）。

第三，农户特征对参与农业保险决策也产生重要影响。具体来说。农户拥有的家庭财富对于农户参与农业保险具有积极作用。相对富裕的农户更有资金购买农业保险来抵消粮食可能产生的损失。这也意味着贫困农户在种粮过程中，如果面临气候变化时更容易受到伤害。这一结果与第六章和第七章的研究结果一致。农户参加生产技术培训对参与农业保险也具有显著的正向影响。具体而言，如果农户接受过生产技术培训，那么采取适应行为的概率将增加21.9%（表 9-4，第 19 行）。

第四，耕地特征对农户参与农业保险以应对气候变化也产生重大影响。例如，耕地面积越大，农户参与农业保险的可能性就越高（0.369，表 9-4，第27 行）。

9.4.3 种粮净收益的影响因素

参与农业保险的农户与未参与农业保险的农户的种粮净收益影响因素的估计结果列于表 9-4 的第 3 列和第 4 列。选择决策方程（9.1）与结果方程（9.2a），（9.2b）的相关系数 $\rho_{1\mu}$ 和 $\rho_{2\mu}$ 的符号相反，意味着两组农户会根据其比较优势选择是否参与农业保险（Alene and Manyong，2007；Fuglie and Bosch，1995）。因此，参与农业保险的农户的粮食产量由于其参与而高于整体平均粮食产量，而选择不参与农业保险的农户的粮食产量由于其不参与农业保险而高于整体平均水平。

第一，农户参与农业保险可以减少极端天气事件对粮食净收益造成的风险。具体来看，旱灾的发生会导致未参与农业保险农户的种粮净收益损失9.6%；而旱灾会导致参与农户的种粮净收益减少 7.4%，这一系数的变化意味着农户参与农业保险，可以减少旱灾对粮食净收益造成的 2.2%的损失。

第二，农药投入和劳动力投入对粮食净收益的影响产生负向作用，这表明农户对生产要素的投入过多，造成净收益不升反降。

第三，农户特征会显著影响种粮净收益。例如，农户参与农业生产技术培训有助于增加种粮净收益。具体来说，如果农户参与农业生产技术培训，会使种粮净收益增加 3.2%。户主的受教育程度也会显著增加粮食净收益。从表中可以看出，户主受教育年限每增加一年，粮食净收益会增加 0.5%。

此外，估计结果显示，耕地面积的增加也会显著增加粮食净收益。

9.4.4　参与农业保险决策处理效应

表9-5给出了参与农业保险决策对粮食净收益的期望结果和平均处理效应的估计结果。(a) 和 (b) 反映了参与农业保险和未参与农业保险的粮食净收益的真实期望值，(c) 和 (d) 为反事实情况下预期的种粮净收益。由于两组农户不同引起选择偏差，导致平均处理效应估计（ATT 和 ATU）及变化率有所不同。

表9-5　农户参与农业保险的平均处理效应

子样本	参与农业保险决策		处理效应	变化率（%）
	参与农业保险	不参与农业保险		
平均粮食净收益（对数值）				
参与农业保险的地块	(a) 3.453	(c) 3.377	ATT=0.077***	2.25
未参与农业保险的地块	(d) 3.395	(b) 3.372	ATU=0.023***	0.68

注：ATT 表示处理（即参与农业保险）对参与农业保险农户的影响，而 ATU 表示处理（即参与农业保险）对未参与农业保险农户的影响。

其中，ATT 的估计结果表明，对于参与农业保险的农户而言，参与农业保险这一举动会显著提高种粮净收益，使每公顷粮食净收益增加幅度达到 2.25%。而 ATU 的估计结果则表明，没有参与农业保险的农户如果有机会参与农业保险，其粮食净收益将会增加 0.68%。因而可以得出结论，农户参与农业保险能够有效提高农户的种粮净收益。

9.5　本章小结

本章以风险管理措施中的农户参与农业保险为例，通过考察正常年和灾害年间农户的粮食产量和种粮净收益与农户的参与农业保险之间的关系，利用内生转换模型实证分析了农户参与农业保险的决定因素，以及在应对气候变化时的实施效果。得出的研究结果和政策启示如下。

首先，农户参与农业保险是有效应对气候变化的适应性风险管理措施。农户在受灾年参与农业保险的比例显著高于正常年，同时参与农业保险可以有效减少长期气候变化和极端天气事件对粮食产生的影响。从农户参与农业保险的平均处理效应结果可以看出，参与农业保险可以显著提高种粮净收益，使每公顷的粮食净收益增加幅度达到 2.25％。因此，保险公司应该注重提高农业保险保障度，扩大保险承保的风险范围。政府应该构建科学合理的农业补贴机制，采用针对农民和保险公司的双向财政补贴机制，以鼓励农户多参与农业保险以应对气候变化，保障农户应对气候变化风险程度能力的提高。

其次，政府提供的气象预警防灾信息对农户参与农业保险以应对气候变化起到积极作用。当政府及时提供公共气象信息时，农民可以通过获取公共气象信息、及时参与农业保险以预防和应对气候变化。然而，目前只有 16％的农户获取了政府提供的相关气候信息，因此政府提供适应气候变化服务的过程仍然有待完善。

再次，研究认为，扩大耕地面积、实现农业规模经营不仅有助于农户参与农业保险以应对气候变化，同时对提高种粮净收益具有显著的积极作用。因此，在"三权分置"的框架下，政府应该通过加快推动土地经营权的有序流转以提高农业规模化经营程度。并在此基础上，以维护进城落户农民土地承包权为前提，根据农民意愿稳妥推进土地承包权有偿退出试点。在探索农村土地承包经营权退出机制上，加快实现土地的规模化、集约化经营，推进农业现代化。

第 10 章　研究结论与政策建议

气候变化影响评估和适应气候变化已成为国际学术界最为关注的研究领域。伴随气候变化的长期趋势，极端天气事件的频繁发生，中国粮食安全和农民的种粮收入受到了严重威胁。农户作为农业的基本生产单位和农业生产的决策主体，在面临气候变化风险时，其生产决策和适应性决策起到至关重要的作用。然而，目前气候变化对中国粮食生产力影响的研究定论尚不明确，政府制定的适应政策在帮助农户应对气候变化方面也缺乏针对性的指导。因此分析气候变化对中国粮食生产的影响及研究农户应对气候变化的适应性行为无疑显得非常重要。

黄淮海地区是中国主要的粮食生产区，该区域小麦、玉米和稻谷的产量分别可以达到全国总产量的 75％、30％ 和 20％。因此，本书基于黄淮海地区气象观测数据、农业生产数据及大规模的农户微观调查数据，首先，从总体上了解黄淮海地区的气候变化趋势和粮食生产情况，对粮食生产中农户应对气候变化时所采用的适应措施种类与特征进行归纳总结。其次，实证分析气候变化对粮食单产的影响，测算长期气候变化和极端天气事件对小麦和玉米不同生长阶段的影响方向与程度。再次，根据适应措施分类，利用内生转换模型分别实证分析工程类适应措施和非工程类适应措施中的节水技术措施、农田管理措施和风险管理措施采用的决定因素，以揭示种粮农户气候变化行为的选择特征；并以粮食产量、粮食产出风险和种粮净收益为评价指标，评估种粮农户气候变化适应性行为选择的有效性。本章通过总结上述各个章节的研究结果，提出合理有效的政策建议。

10.1　研究结论

10.1.1　黄淮海地区气候变化趋势及粮食生产情况

本书基于黄淮海地区农业生产和气象观测等政府统计数据，通过描述统计分析方法,从气候变化特征、粮食生产特征维度,了解黄淮海地区五省气候变化的发生趋势和粮食生产情况,进而阐明粮食生产面临的潜在气候变化风险。研究发现如下。

第一,黄淮海地区年平均气温呈明显的上升趋势,尤其是近三十年的急剧变暖现象突出。相比之下,年均降水量变化趋势并不明显,但是年际间波动较大。12个月份的气温和降水在不同年代都有较大程度的变化,特别是冬季增温趋势在四季中变化最为明显。此外,因旱灾和涝灾导致的农作物受灾面积和成灾面积也呈现上升趋势,且年际间波动幅度很大。

第二,黄淮海地区的粮食总产量呈明显上升趋势,粮食单产也表现出明显上升趋势,但粮食播种面积不断下降。这说明,在粮食播种面积呈现下降趋势的背景下,黄淮海地区粮食产量的增加主要依赖于粮食单产的增长。从粮食生产结构来看,黄淮海地区是我国的粮食主产区,小麦、玉米和稻谷的产量分别达到全国总产量的75%、30%和20%。河南、河北和山东主要生产小麦和玉米,江苏和安徽主要生产小麦和稻谷。

第三,长期气候变化造成粮食生产存在潜在危险。干旱和洪涝等极端天气事件发生频率不断增大,也会加剧粮食生产损失。旱灾和涝灾对粮食造成的损失随年份呈明显上升趋势,年均粮食损失率分别为3.5%和2.2%。这说明,从长期来看,旱灾对粮食产量的影响程度和幅度都高于涝灾对粮食产量的影响程度和幅度。

10.1.2 气候变化对黄淮海地区粮食单产的影响

本书基于农户地块层面的样本数据,在考虑不同村庄间粮食生产的空间异质性下,利用多层模型分析长期气候变化和极端天气事件对黄淮海地区小麦和玉米单产的影响,同时控制农户投入行为、农户社会经济特征及地块特征等对粮食生产的影响。研究结论如下。

第一,粮食单产存在显著的空间异质性,即粮食单产的异质性不仅受地块特征、农户社会经济特征及生产要素投入的影响,而且还受到所在村庄差异的影响。具体来说,村级排灌基础设施、村庄灌溉比例、村庄拥有农资店等村级社会经济因素,可以解释小麦单产和玉米单产在社区层次变异的12.7%和20.2%。

第二,长期气候变化对小麦和玉米单产的影响随着作物生长阶段的不同而不同。对于小麦而言,越冬阶段,平均气温的上升会显著促进小麦增产;在营养生长阶段，平均气温的上升却显著导致小麦减产。这说明冬季适当增温会对冬小麦产量增加有积极作用，但是春季增温会导致冬小麦减产。对于玉米而言，平均气温的上升会显著促进玉米在并进期增产；在生殖生长期，平均气温的上升会导致玉米减产。

第三，相比与长期气候变化，极端天气事件的发生对粮食单产的负面影响程度更大。相比与县级层面发生的灾害，地块层面发生的灾害（如干旱、洪涝、连阴雨和风灾）会导致小麦和玉米单产的减产幅度更大。如县级层面旱灾会导致小麦单产下降 4%～4.3%，而地块层面旱灾的发生会导致小麦减产9.4%；县级层面涝灾的发生会导致玉米单产下降 13.8%～15.6%，而地块层面涝灾的发生会导致其单产下降幅度高达 22%。

第四，村级社会经济特征会显著影响农户地块的小麦和玉米单产。例如，农户所在村拥有排灌基础设施，小麦单产会增加 23.7%；当灌溉比例增加 1%时，小麦单产的增加比例为 0.1%。

10.1.3　种粮农户气候变化适应性行为决策

第一，农户会积极采取不同种类的适应性措施以应对气候变化。研究结果表明，极端天气的发生会显著影响农户采用不同种类的适应性措施。也就是说，农户是灾害风险的厌恶者，当自然灾害发生时，农户会积极采取各类措施应用。具体而言，农户对工程类适应措施的采用比例为 37.3%，且主要以购买或维修水泵、新建或维修排灌水沟渠或排灌站，以及维修或新建机井为主。农户对非工程类适应措施的采用比例从高到低依次为节水技术（87.5%）、农田管理（55.3%）和风险管理措施（40.1%）。具体来说，农户型节水技术的采用比例最高，为 77.6%；其次，传统型节水技术的采用比例为 40.9%；社区型节水技术的采用比例最低，仅有 6.3%。这说明投资成本较低的传统型节水技术和农户型节水技术更容易被农户采用，而投资成本高且需要群体合作的社区型节水技术较难推广。农田管理措施中采用比例最高的是补种和调整作物播种或收获日期。风险管理措施中农户主要以参加农业保险为主。

第二，政府提供的气象预警防灾信息、应对灾害的技术、物资或资金支持政策，以及生产技术培训等对农户采取适应性措施应对气候变化起到积极作用。这表明，地方政府提供应对气候变化的政策和服务是提高农户适应气候变化风险能力的关键。此外，农业灌溉用水价格的提高对农户采取节水技术具有显著的促进作用。这说明在水资源短缺的情况下，政府提高水价可以优化水资源配置，激励农户节水技术采用行为，提高水资源利用效率。

第三，农户的家庭财富对农户采取适应性措施有积极影响。贫困农户在面临长期气候变化和极端天气事件时，由于缺乏资金很难采用适应性措施，其粮食产量和种粮收益更容易受到损害。因此，政府的技术、物资或资金支持政策，对于贫困农户提高应对气候变化的适应能力尤为重要。

第四，扩大耕地面积、实现农业规模经营不仅有助于农户参加农业保险以应对气候变化，同时对增加粮食产量、减少粮食产出风险，以及提高种粮净收益具有显著的积极作用。

10.1.4 种粮农户气候变化适应性行为有效性

本书以期望效用最大化为目标，采用内生转换模型实证分别分析农户采取工程类适应措施和非工程类适应措施中的节水技术、农田管理和风险管理措施的影响因素及其对粮食单产、粮食产出风险和种粮净收益的影响，并分析了不同适应措施的处理效应。研究结果如下。

第一，在长期气候变化和极端天气下，采用工程类适应措施确实可以减少粮食产量的损失，但增加的粮食产量所获得的收益被高成本的投入所抵消。具体而言，采用工程类适应措施可以使农户的粮食产量增加 9.26％；对于没有采用工程类适应措施的农户，假如他们采用措施，将会导致种粮净收益减少 3.58％。这表明粮食产量的增加与种粮净收益的提高并不同步。农户如果将对工程类适应措施的投资和增加生产要素投入同时进行，将导致投入成本过高，农户的种粮净收益不升反降。

第二，在应对干旱等极端天气事件时，农户采用节水技术可以增加粮食产量，减少对粮食产量造成的风险，确保种粮净收益。且不同种类的节水技术对粮食产量和种粮净收益的影响有所不同。相比与传统型节水技术，农户型节水技术和社区型节水技术的采用会使其粮食产量和种粮净收益增加幅度更高。

第三，农田管理措施是有效应对长期气候变化和极端天气事件的适应性措施。采用农田管理适应措施会显著提高粮食单产和种粮净收益，使地块每公顷粮食单产和净收益增加幅度分别达到 17.68％和 15.03％。因此，农户的农田管理措施对于应对农业生产中的气候变化风险至关重要。此外，在应对气候变化时，农田管理措施具有方便采用且投入成本低的特点，有助于农户在生产中推广使用。

第四，参与农业保险可以有效减少长期气候变化和极端天气事件对粮食产生的影响。从农户参与农业保险的平均处理效应结果可以看出，参与农业保险可以显著提高种粮净收益，使每公顷的粮食净收益增加幅度达到 2.25%。

10.2 政策建议

在长期气候变化和极端天气事件不断增发的大背景下，对气候变化对粮食生产的影响与农户应对气候变化的适应性行为的深入理解，有助于筛选有效的适应性策略，制定合理的农业适应气候变化政策。本书基于上述研究结论，在粮食生产与适应气候变化方面提出以下政策建议。

第一，重点关注极端天气影响及适应。

本书研究表明，相比于长期气候变化，极端天气事件对黄淮海地区粮食生产的影响更为显著，影响幅度也更大。同时，农户采用适应性措施可以有效应对极端天气事件的影响，但采用适应性措施对应对长期气候变化的效果并不明显。鉴于极端天气事件发生给农业造成的破坏性，以及适应性措施应对极端天气事件的有效性，在制定农业适应气候变化相关的政策时，需要优先考虑极端天气事件的潜在影响及应对策略。

第二，加快完善适应气候变化公共服务体系。

政府提供的气象预警防灾信息、应对灾害的技术、物资及资金支持政策，以及生产技术培训等对农户采用工程类适应措施应对气候变化起到积极作用。然而，目前只有 10% 的农民可以获得了政府提供的气候信息，31% 的农民获得政府提供的技术和物资支持，31% 的农民参加了生产技术培训。因此，政府应该加快建立和完善应对自然灾害的服务体系，提高和完善适应气候变化的公共服务，将适应气候变化的公共服务纳入国家公共推广体系。同时，政府应该提供合理的技术、物质和资金支持政策，以鼓励农户采取适应措施应对气候变化，提高农户的可持续生计能力。

第三，加大工程类排灌基础设施的投资和管理力度，促进农业节本增效。

工程类排灌基础设施对粮食生产起到至关重要的作用，同时是适应气候变化尤其是有效应对极端天气事件的重要举措。因此，应该继续将农村排灌水利工程作为优先建设领域，在政府主导大型水利基础设施（如水库、水坝等）建设的同时，鼓励农民进行投资投劳，及时维修和管理排灌基础设施，并加快对小型工程措施（如机井、水泵等）的投资和维护。特别是当遭遇极端天气事件时，政府应加大投资力度，改善排灌基础条件。此外，研究发现，农户如果将对工程类适应措施的投资和增加生产要素投入同时进行，将导致投入成本过高，种粮净收益不升反降。因此，为提高农户的可持续生计能力，应该大力推进化肥、农药等生产要素投入的减量增效，增加有机肥使用，以保护农业与耕地土壤环境。

第四，大力发展先进型节水技术以有效应对旱灾发生。

节水技术可以有效应对干旱等极端天气事件的发生。相比于传统型节水技术，农户型节水技术和社区型节水技术的采用会使其粮食产量和种粮净收益增加幅度更高。然而，由于社区型节水技术投入的资金大且需要集体合作，导致采用比例非常低。因此，各级政府应该通过各种方式加大对采用社区型节水技术的农户的资金补助和政策支持，大力普及喷灌、滴灌等节水技术，筛选和推广抗旱节水品种等措施，加快制定对先进的节水技术采用的补贴及资金、物力、人力等支持政策。

第五，鼓励农户采用农田管理适应措施。

农田管理措施是有效应对长期气候变化和极端天气事件的适应性措施。采用农田管理措施不仅可以显著增加粮食单产，而且可以保证种粮净收益。在应对气候变化时，农田管理措施具有方便采用且投入成本低的特点，有助于农户在生产中推广使用。

第六，构建合理的农业保险补贴机制，提高农户种粮积极性。

参与农业保险可以显著提高农户的种粮净收益。因此，保险公司应该注重提高农业保险保障力度，扩大保险承保的风险范围。政府应该构建科学合理的农业补贴机制，采用针对农民和保险公司的双向财政补贴机制，以鼓励农户多参与农业保险应对气候变化，保障农户应对气候变化风险的能力，确保农户的种粮净收益，提高农户的种粮积极性。

第七，推动农村集体经济发展，加快农业规模化、集约化经营。

在我国统分结合的双层经营体制下，为保证粮食生产与粮食安全，不仅要强调农户的生产经营，而且要加强并推动农村集体经济的发展，将村级排灌基础设施建设作为国家基础设施建设的优先领域。同时，研究发现，扩大耕地面积、实现农业规模经营不仅有助于农户采用适应性措施应对气候变化，而且对增加粮食产量、减少粮食产出风险及提高种粮净收益具有显著的积极作用。因此，在"三权分置"的框架下，政府应该通过加快推动土地经营权的有序流转来提高农业规模化经营程度。在此基础上，以维护进城落户农民土地承包权为前提，根据农民意愿稳妥推进土地承包权有偿退出试点。在探索农村土地承包经营权退出机制上，加快实现土地的规模化、集约化经营，推进农业现代化。

参考文献

蔡起华，朱玉春，2016. 社会资本、收入差距对村庄集体行动的影响——以三省区农户参与小型农田水利设施维护为例 [J]. 公共管理学报，13（4）：89 - 100（157）.

蔡荣，2015. 管护效果及投资意愿：小型农田水利设施合作供给困境分析 [J]. 南京农业大学学报（社会科学版），15（4）：78 - 86（134）.

曹阳，2014.1961—2010 年潜在干旱对中国玉米、小麦产量影响的模拟 [D]. 北京：中国农业科学院.

陈煌，王金霞，黄季焜，2012. 农田水利设施抗旱效果评估：基于全国 7 省（市）的实证研究 [J]. 自然资源学报（10）：1656 - 1665.

陈煌，2012. 应对极端气候事件采用适应性措施的决定因素及成效分析 [D]. 北京：中国科学院大学.

陈帅，2015. 气候变化对中国小麦生产力的影响——基于黄淮海平原的实证分析 [J]. 中国农村经济（7）：4 - 16.

陈帅，徐晋涛，张海鹏，2016. 气候变化对中国粮食生产的影响——基于县级面板数据的实证分析 [J]. 中国农村经济（5）：2 - 15.

崔静，王秀清，辛贤，等，2011. 生长期气候变化对中国主要粮食作物单产的影响 [J]. 中国农村经济（9）：13 - 22.

崔永伟，杜聪慧，侯麟科，2012. 气候变化下农业适应行为的现状及研究进展 [J]. 世界农业（11）：25 - 29.

邓可洪，居辉，熊伟，等，2006. 气候变化对中国农业的影响研究进展 [J]. 中国农学通报（5）：439 - 441.

丁一汇，任国玉，石广玉，等，2006. 气候变化国家评估报告（I）：中国气候变化的历史和未来趋势 [J]. 气候变化研究进展，2（1）：3 - 8.

董海峰，何志锋，王浩，2013. 农户对农田水利工程的需求和投资的影响因素分析——基于博罗县 120 户农户调查 [J]. 广东农业科学，40（5）：220 - 223.

杜开阳，施生锦，郑大玮，2009. 气候变化适应性措施的综合效应——以吉林省玉米生产为例 [J]. 中国农业气象（S1）：6 - 9.

杜文献，2011. 气候变化对农业影响的研究进展——基于李嘉图模型的视角 [J]. 经济问题探索（1）：154 - 159.

冯晓龙，2017. 苹果种植户气候变化适应性行为研究——以陕西8个基地县为例 [D]. 杨凌：西北农林科技大学．

冯晓龙，霍学喜，陈宗兴，2017. 气候变化与农户适应性行为决策 [J]. 西北农林科技大学学报（社会科学版），17（5）：73-81．

冯晓龙，刘明月，霍学喜，2016. 气候变化适应性行为及空间溢出效应对农户收入的影响——来自4省苹果种植户的经验证据 [J]. 农林经济管理学报（5）：570-578．

冯颖，2013. 农业节水技术补偿机制研究 [D]. 杨凌：西北农林科技大学．

冯颖，2016. 宁夏干旱半干旱地区农户采用农业节水技术意愿的影响因素分析 [J]. 中国农村水利水电（5）：48-54．

付伟，2013. 近20年内黄淮海地区气候变暖对冬小麦夏玉米生育进程及产量的影响 [D]. 南京：南京农业大学．

付雨晴，丑洁明，董文杰，2014. 气候变化对我国农作物宜播种面积的影响 [J]. 气候变化研究进展（2）：110-117．

国家发展与改革委员会，2013. 国家适应气候变化战略 [R]. 北京：国家发展与改革委员会．

国家发展与改革委员会，2014. 国家应对气候变化规划 [R]. 北京：国家发展与改革委员会．

国家气候变化评估委员会，2011. 第二次气候变化国家评估报告 [R]. 北京：国家发展与改革委员会．

国家气候中心，2012. 中国气候变化监测公报2011 [R]. 北京：国家气象局．

国家水利部，2012. 中国水资源公报2012 [R]. 北京：中国水利出版社．

国家水利部，2017. 中国水旱灾害公报2017 [R]. 北京：中国水利出版社．

国家水利部，2017. 中国水利统计年鉴2017 [R]. 北京：中国水利出版社．

国家统计局，2009. 新中国六十年统计资料汇编2009 [R]. 北京：中国统计出版社．

国家统计局，2017. 中国统计年鉴2017 [R]. 北京：中国统计出版社．

国亮，侯军岐，2012. 影响农户采纳节水灌溉技术行为的实证研究 [J]. 开发研究（3）：104-107．

韩一军，李雪，付文阁，2015. 麦农采用农业节水技术的影响因素分析——基于北方干旱缺水地区的调查 [J]. 南京农业大学学报（社会科学版），15（4）：62-69（133）．

韩长赋，2012. 玉米论略 [J]. 农家参谋（种业大观）（6）：6-8．

侯麟科，仇焕广，汪阳洁，等，2015. 气候变化对我国农业生产的影响——基于多投入多产出生产函数的分析 [J]. 农业技术经济（3）：4-14．

黄德林，李喜明，鞠劭苂，2016. 气候变化对中国粮食生产、消费及经济增长的影响研究——基于中国农业一般均衡模型 [J]. 中国农学通报，32（20）：165-176．

黄维，邓祥征，何书金，等，2010. 中国气候变化对县域粮食产量影响的计量经济分析

[J]. 地理科学进展，29（6）：677-683.

贾小虎，2018. 计划行为理论视角下农户参与小型农田水利设施建设意愿分析 [J]. 中国农村水利水电（1）：4-9.

蒋竞，2014. 我国农户适应极端气候事件及其效果分析——来自玉米生产的实证研究 [D]. 北京：中国科学院大学.

孔祥智，史冰清，2008. 农户参加用水者协会意愿的影响因素分析——基于广西横县的农户调查数据 [J]. 中国农村经济（10）：22-33.

孔祥智，高强，2017. 改革开放以来我国农村集体经济的变迁与当前亟需解决的问题 [J]. 理论探索（1）：116-122.

李强，张林秀，2007. 农户模型方法在实证分析中的运用——以中国加入 WTO 后对农户的生产和消费行为影响分析为例 [J]. 南京农业大学学报（社会科学版）（1）：25-31（20）.

李虎，邱建军，王立刚，等，2012. 适应气候变化：中国农业面临的新挑战 [J]. 中国农业资源与区划，33（6）：23-28.

李天芳，2015. 中国农业对气候变化的适应性研究 [D]. 南京：南京农业大学.

李祎君，王春乙，2010. 气候变化对我国农作物种植结构的影响 [J]. 气候变化研究进展（2）：123-129.

李志娥，2010. 对中阳县下枣林乡农田水利基本建设新模式的调查与思考 [J]. 中国水土保持（5）：19-20.

梁昊，2016. 中国农村集体经济发展：问题及对策 [J]. 财政研究（3）：68-76.

林而达，许吟隆，蒋金荷，等，2006. 气候变化国家评估报告（Ⅱ）：气候变化的影响与适应. 气候变化研究进展（2）：51-56.

刘华民，王立新，杨劼，等，2013. 农牧民气候变化适应意愿及影响因素——以鄂尔多斯市乌审旗为例 [J]. 干旱区研究，30（1）：89-95.

刘辉，陈思羽，等，2012. 农户参与小型农田水利建设意愿影响因素的实证分析——基于对湖南省粮食主产区 475 户农户的调查 [J]. 中国农村观察（2）：54-66.

刘力，谭向勇，2006. 粮食主产区县乡政府及农户对小型农田水利设施建设的投资意愿分析 [J]. 中国农村经济（12）：32-36（54）.

刘亚克，王金霞，李玉敏，等，2011. 农业节水技术的采用及影响因素 [J]. 自然资源学报，26（6）：932-942.

刘莹，黄季焜，2010. 农户多目标种植决策模型与目标权重的估计 [J]. 经济研究，45（1）：148-157（160）.

刘宇，黄季焜，王金霞，等，2009. 影响农业节水技术采用的决定因素——基于中国 10 个省的实证研究 [J]. 节水灌溉（10）：1-5.

龙子泉，徐一鸣，周玉琴，等，2018. 社会资本视角下小型农田水利设施管护效果——湖北省当阳市两个农民用水户协会案例研究 [J]. 中国农村观察 (2)：16 - 29.

陆伟婷，于欢，曹胜男，等，2015，近 20 年黄淮海地区气候变暖对夏玉米生育进程及产量的影响 [J]. 中国农业科学，48 (16)：3132 - 3145.

吕亚荣，陈淑芬，2010. 农民对气候变化的认知及适应性行为分析 [J]. 中国农村经济 (7)：75 - 86.

麻吉亮，陈永福，钱小平，等，2012. 气候因素、中间投入与玉米单产增长——基于河北农户层面多水平模型的实证分析 [J]. 中国农村经济 (11)：11 - 20.

秦大河，丁一汇，王绍武，等，2002. 中国西部环境演变及其影响研究 [J]. 地学前缘 (2)：321 - 328.

任常青，1995. 自给自足和风险状态下的农户生产决策模型——中国贫困地区的实证研究 [J]. 农业技术经济 (5)：22 - 26.

石磊，向其凤，鲁筠，2016. 多水平模型及其在经济分析中的应用 [J]. 数学建模及其应用，5 (1)：3 - 8 (27).

史印山，王玉珍，池俊成，等，2008. 河北平原气候变化对冬小麦产量的影响 [J]. 中国生态农业学报 (6)：1444 - 1447.

宋春晓，马恒运，黄季焜，等，2014. 气候变化和农户适应性对小麦灌溉效率影响 [J]. 农业技术经济 (2)：4 - 16.

孙新素，龙致炜，宋广鹏，等，2017. 气候变化对黄淮海地区夏玉米冬小麦种植模式和产量的影响 [J]. 中国农业科学，50 (13)：2476 - 2487.

谭灵芝，马长发，2014. 中国干旱区农户气候变化感知及适应性行为研究 [J]. 水土保持通报，34 (1)：220 - 225.

唐忠，李众敏，2005. 改革后农田水利建设投入主体缺失的经济学分析 [J]. 农业经济问题 (2)：34 - 40 (79).

田素妍，陈嘉烨，2014. 可持续生计框架下农户气候变化适应能力研究 [J]. 中国人口·资源与环境，24 (5)：31 - 37.

汪阳洁，2014. 气候变化对中国水稻生产的影响及适应策略 [D]. 北京：中国科学院大学.

汪阳洁，仇焕广，陈晓红，2015. 气候变化对农业影响的经济学方法研究进展 [J]. 中国农村经济 (9)：4 - 16.

王丹，2009. 气候变化对中国粮食安全的影响与对策研究 [D]. 武汉：华中农业大学.

王馥棠，2002. 近十年来我国气候变暖影响研究的若干进展 [J]. 应用气象学报 (6)：755 - 766.

王金霞，张丽娟，2014. 抗洪预警信息提供对农户适应性措施采用的影响——基于全国 6 省的实证研究 [J]. 农林经济管理学报 (1)：1 - 7.

王金霞，黄季焜，2004. 滦阳河流域的水资源问题 [J]. 自然资源学报 (4)：424 - 429.

王金霞，黄季焜，张丽娟，等，2008. 北方地区农民对水资源短缺的反应 [J]. 水利经济

（5）：1-3（23，75）．

魏小珍，2017. 甘肃省农户农业节水技术采用行为研究［D］．杨凌：西北农林科技大学．

吴春雅，刘菲菲，2015. 气候变化背景下稻农洪涝适应性工程措施采用行为研究［J］．农业技术经济（3）：15-24.

吴加宁，吕天伟，2008. 小型农田水利建设主体及相关问题的探讨［J］．中国农村水利水电（9）：5-7.

夏莲，石晓平，冯淑怡，等，2013. 涉农企业介入对农户参与小型农田水利设施投资的影响分析——以甘肃省民乐县研究为例［J］．南京农业大学学报（社会科学版），13（4）：54-61.

徐斌，孙蓉，2016. 粮食安全背景下农业保险对农户生产行为的影响效应——基于粮食主产区微观数据的实证研究［J］．财经科学（6）：97-111.

徐翠萍，2010. 中国农户收入、生产行为与技术效率研究——基于税费改革背景下的实证［D］．上海：上海交通大学．

徐建文，居辉，刘勤，等，2014. 黄淮海地区干旱变化特征及其对气候变化的响应［J］．生态学报，34（2）：460-470.

徐涛，2018. 节水灌溉技术补贴政策研究：全成本收益与农户偏好［D］．杨凌：西北农林科技大学．

闫继蕾，2016. 农业保险中风险偏好农户的逆向选择行为研究［D］．呼和浩特：内蒙古农业大学．

杨菊华，2012. 数据管理与模型分析：STATA 软件应用［M］．北京：中国人民大学出版社．

杨晓光，刘志娟，陈阜，2010. 全球气候变暖对中国种植制度可能影响 I. 气候变暖对中国种植制度北界和粮食产量可能影响的分析［J］．中国农业科学（2）：329-336.

杨宇，王金霞，黄季焜，2016. 极端干旱事件、农田管理适应性行为与生产风险：基于华北平原农户的实证研究［J］．农业技术经济（9）：4-17.

张建平，赵艳霞，王春乙，等，2007. 未来气候变化情景下我国主要粮食作物产量变化模拟［J］．干旱地区农业研究（5）：208-213.

张林秀，1996. 农户经济学基本理论概述［J］．农业技术经济（3）：24-30.

张敏，鲁筠，石磊，2017. 基于高层次结构数据的多水平发展模型设计及应用［J］．数量经济技术经济研究，34（6）：134-147.

张明伟，邓辉，李贵才，等，2011. 模型模拟华北地区气候变化对冬小麦产量的影响［J］．中国农业资源与区划（4）：45-49.

张森，徐志刚，仇焕广，2012. 市场信息不对称条件下的农户种子新品种选择行为研究［J］．世界经济文汇（4）：74-89.

张紫云，王金霞，黄季焜，2014. 农业生产抗冻适应性措施：采用现状及决定因素研究

［J］. 农业技术经济（9）：4-13.

赵雪雁，2014. 农户对气候变化的感知与适应研究综述［J］. 应用生态学报，25（8）：2440-2448.

钟甫宁，2011. 关于当前粮食安全的形势判断和政策建议［J］. 农业经济与管理（1）：5-8.

周曙东，周文魁，朱红根，等，2010. 气候变化对农业的影响及应对措施［J］. 南京农业大学学报（社会科学版），10（1）：34-39.

周文魁，2012. 气候变化对中国粮食生产的影响及应对策略［D］. 南京：南京农业大学.

朱红根，2010. 气候变化对中国南方水稻影响的经济分析及其适应策略［D］. 南京：南京农业大学.

朱红根，周曙东，2011. 南方稻区农户适应气候变化行为实证分析——基于江西省36县（市）346份农户调查数据. 自然资源学报，26（7）：1119-1128.

朱玉春，王蕾，2014. 不同收入水平农户对农田水利设施的需求意愿分析——基于陕西、河南调查数据的验证［J］. 中国农村经济（1）：76-86.

ABDULAI, A., HUFFMAN, W., 2014. The adoption and impact of soil and water conservation technology: an endogenous switching regression application［J］. Land Economics, 90（1）：26-43.

AKPALU, W., NORMANYO, A. K., 2014. Illegal fishing and catch potentials among small-scale fishers: application of an endogenous Switching regression model［J］. Environment and Development Economics, 19（2）：156-172.

ARSLAN, A., MCCARTHY, N., LIPPER, L., et al., 2014. Adoption and intensity of adoption of conservation farming practices in Zambia［J］. Agriculture, Ecosystems & Environment（187）：72-86.

ASFAW, A., ADMASSIE, A., 2004. The role of education on the adoption of chemical fertiliser under different socioeconomic environments in Ethiopia［J］. Agricultural Economics, 30（3）：215-228.

ASFAW, S., DI BATTISTA, F., LIPPER, L., 2016. Agricultural Technology Adoption under Climate Change in the Sahel: Micro-evidence from Niger［J］. Journal of African Economies, 25（5）：637-669.

ASHENFELTER, O., STORCHMANN, K., 2010. Using Hedonic Models of Solar Radiation and Weather to Assess the Economic Effect of Climate Change: The Case of Model Valley Vineyards［J］. The Review of Economics and Statistics, 92（2）：333-349.

BABEL, M. S., TURYATUNGA, E., 2015. Evaluation of climate change impacts and adaptation measures for maize cultivation in the western Uganda agro-ecological zone［J］. Theoretical and Applied Climatology, 119（1）：239-254.

BAZZANI, G. M., PASQUALE, S. D., GALLERANI, V., et al., 2005. The sustainability of irrigated agricultural systems under the water framework directive: first results [J]. Environmental Modelling & Software, 20 (2): 165 - 175.

BERBEL, J., GOMEZ - LIMON, J. A., 2000. The Impact of Water - pricing Policy in Spain: An Analysis of Three Irrigated Areas [J]. Agricultural Water, 43 (2).

BOHENSKY, E. L., SMAJGL, A., BREWER, T., 2013. Patterns in household - level engagement with climate change in Indonesia [J]. Nature Climate Change, 3 (4): 348 - 351.

BRYAN, E., DERESSA, T. T., GBETIBOUO, G. A., et al., 2009. Adaptation to climate change in Ethiopia and South Africa: options and constraints [J]. Environmental Science & Policy, 12 (4): 413 - 426.

BURKE, M., DYKEMA, J., LOBELL, D., et al., 2011. Incorporating climate uncertainty into estimates of climate change impacts, with applications to U. S. and African agriculture [R]. Nber Working Papers.

CHEN, H., WANG, J., HUANG, J., 2014. Policy support, social capital, and farmers' adaptation to drought in China [J]. Global Environmental Change, 24 (1): 193 - 202.

CHEN, P. C., YU, M. M., CHANG, C. C., et al., 2008. Total factor productivity growth in China's agricultural sector [J]. China Economic Review, 19 (4): 580 - 593.

CHEN, S., CHEN, X., XU, J., 2016. Impacts of climate change on agriculture: Evidence from China [J]. Journal of Environmental Economics and Management (76): 105 - 124.

CHEN, Y., HAN, X., SI, W., et al., 2017. An assessment of climate change impacts on maize yields in Hebei Province of China [J]. Science of the Total Environment, 581 - 582 (Supplement C): 507 - 517.

CHEN, Y., WU, Z., OKAMOTO, K., et al., 2013. The impacts of climate change on crops in China: A Ricardian analysis [J]. Global and Planetary Change (104): 61 - 74.

COMOÉ, H., SIEGRIST, M., 2015. Relevant drivers of farmers' decision behavior regarding their adaptation to climate change: a case study of two regions in côte d'ivoire [J]. Mitigation & Adaptation Strategies for Global Change, 20 (2): 179 - 199.

DANG, H. L., LI, E., NUBERG, I., et al., 2014. Understanding farmers' adaptation intention to climate change: A structural equation modelling study in the Mekong Delta, Vietnam [J]. Environmental Science & Policy (41): 11 - 22.

DEB, P., TRAN, D. A., UDMALE, P. D., 2016. Assessment of the impacts of climate change and brackish irrigation water on rice productivity and evaluation of adaptation measures in Ca Mau province, Vietnam [J]. Theoretical and Applied Climatology, 125 (3): 641 - 656.

DELL, M., JONES, B. F., OLKEN, B. A., 2009. Temperature and Income: Reconciling New Cross – Sectional and Panel Estimates [J]. American Economic Review, 99 (2): 198 – 204.

DENEVAN, W. M., 1983. Adaptation, variation, and cultural geography [J]. The Professional Geographer, 35 (4): 399 – 407.

DERESSA, T. T., HASSAN, R. M., RINGLER, C., et al., 2009. Determinants of farmers' choice of adaptation methods to climate change in the Nile Basin of Ethiopia [J]. Global Environmental Change, 19 (2): 248 – 255.

DERYNG, D., SACKS, W., BARFORD, C., et al., 2011. Simulating the effects of climate and agricultural management practices on global crop yield [J]. Global Biogeochemical Cycles, 25 (2).

DESCHÊNES, O., GREENSTONE, M., 2007. The Economic Impacts of Climate Change: Evidence from Agricultural Output and Random Fluctuations in Weather [J]. American Economic Review, 97 (1): 354 – 385.

DESCHÊNES, O., GREENSTONE, M., 2011. Climate Change, Mortality, and Adaptation: Evidence from Annual Fluctuations in Weather in the US [J]. American Economic Journal Applied Economics, 3 (4): 152 – 185.

DI FALCO, S., CHAVAS, J. P., 2009. On Crop Biodiversity, Risk Exposure, and Food Security in the Highlands of Ethiopia [J]. American Journal of Agricultural Economics, 91 (3): 599 – 611.

DI FALCO, S., VERONESI, M., YESUF, M., 2011. Does Adaptation to Climate Change Provide Food Security? A Micro – Perspective from Ethiopia [J]. American Journal of Agricultural Economics, 93 (3): 829 – 846.

DOFING, S. M., KNIGHT, C. W., 1992. Alternative model for pafli analysis of small – grain yield [J]. Crop Science (32): 487 – 489.

DOWNING, T. E., PATWARDHAN, A., KLEIN, R. J., et al., 2005. Assessing vulnerability for climate adaptation [M]. Cambridge and New York: Cambridge University Press.

EWERT, F., RÖTTER, R. P., BINDI, M., et al., 2015. Crop modelling for integrated assessment of risk to food production from climate change [J]. Environmental Modelling & Software, 72 (Supplement C): 287 – 303.

FAO (Food and Agriculture Organization), 1978. Report on the Agro – ecological Zones Project. Vol. 1. Methodology and results for Africa [J]. World Soil Resources Report (48).

FAO (Food and Agriculture Organization), 2009. How to Feed the World in 2050 [R].

Rome：FAO.

FINGER，R.，HEDIGER，W.，SCHMID，S.，2011. Irrigation as adaptation strategy to climate change－a biophysical and economic appraisal for Swiss maize production [J]. Climatic Change，105（3）：509－528.

FISCHER，G.，SHAH，M.，TUBIELLO，F. N.，et al.，2005. Socio－economic and climate change impacts on agriculture：an integrated assessment，1990—2080 [J]. Philosophical Transactions of the Royal Society of London，360（1463）：2067.

FOUDI，S.，ERDLENBRUCH，K.，2012. The role of irrigation in farmers' risk management strategies in France [J]. European Review of Agricultural Economics，39（3）.

FRANK，E.，EAKIN，H.，LOPEZ－CARR，D.，2011. Social identity，perception and motivation in adaptation to climate risk in the coffee sector of Chiapas，Mexico [J]. Global Environment Change（21）：66－76.

GBETIBOUO，G. A.，HASSAN，R. M.，RINGLER，C.，2010. Modelling farmers' adaptation strategies for climate change and variability：The case of the Limpopo Basin，South Africa [J]. Agrekon，49（2）：217－234.

GILBERT，C. L.，MORGAN，C. W.，2010. Food price volatility [J]. Philosophical Transactions of the Royal Society of London B：Biological Sciences，365（1554）：3023－3034.

Grothmann，T.，Patt，A.，2005. Adaptive capacity and human cognition：The process of individual adaptation to climate change [J]. Global Environmental Change，15（3）：199－213.

HABIBA，U.，SHAW，R.，TAKEUCHI，Y.，2012. Farmer's perception and adaptation practices to cope with drought：Perspectives from Northwestern Bangladesh [J]. International Journal of Disaster Risk Reduction（1）：72－84.

HARDESTY，D. L.，1986. Rethinking cultural adaptation [J]. The Professional Geographer，38（1）：11－18.

HASSAN，R. M.，2010. Implications of Climate Change for Agricultural Sector Performance in Africa：Policy Challenges and Research Agenda [J]. Journal of African Economies，19（suppl 2）：77－105.

HAUSMAN，J. A.，1978. Specification tests in econometrics [J]. Econometrica，46（6）：1251－1271.

HECKMAN，J.，TOBIAS，J. L.，VYTLACIL，E.，2001. Four Parameters of Interest in the Evaluation of Social Programs [J]. Southern Economic Journal，68（2）：211－223.

HOLST，R.，YU，X.，GRÜN，C.，2013. Climate Change，Risk and Grain Yields in China [J]. Journal of Integrative Agriculture，12（7）：1279－1291.

HUANG，J. K.，JIANG，J.，WANG，J. X.，et al.，2014. Crop Diversification in Coping with Extreme Weather Events in China [J]. Journal of Integrative Agriculture，13（4）：

677 - 686.

HUANG, J. K., WANG, J. X., WANg, Y. J., 2015. Farmers' adaptation to extreme weather events through farm management and its impacts on the mean and risk of rice yield in China [J]. American Journal of Agricultural Economics, 97 (2): 602 - 617.

HUANG, Q. Q., ROZELLE, S., Lohmar, B., et al., 2006. Irrigation, agricultural performance and poverty reduction in China [J]. Food Policy, 31 (1): 30 - 52.

HUANG, Q. Q., WANG, J. X., LI, Y., 2017. Do water saving technologies save water? Empirical evidence from North China [J]. Journal of Environmental Economics and Management (82): 1 - 16.

HUSSAIN, S. S., BYERLEE, D., HEISEY, P. W., 1994. Impacts of the training and visit extension system on farmers' knowledge and adoption of technology: Evidence from Pakistan [J]. Agricultural Economics, 10 (1): 39 - 47.

IIZUMI, T., YOKOZAWA, M., NISHIMORI, M., 2009. Parameter estimation and uncertainty analysis of a large - scale crop model for paddy rice: Application of a Bayesian approach [J]. Agricultural and Forest Meteorology, 149 (2): 333 - 348.

IPCC (Intergovernmental Panel on Climate Change), 2007. Impacts, adaptation and vulnerability: Working group Ⅱ contribution to the fourth assessment report of the IPCC [M]. Cambridge: Cambridge University Press.

IPCC (Intergovernmental Panel on Climate Change), 2012. Managing the risks of extreme events and disasters to advance climate change adaptation. Special report of the intergovernmental panel on climate change [M]. Cambridge: Cambridge University Press.

IPCC (Intergovernmental Panel on Climate Change), 2014. Climate Change 2014: Impacts, Adaptation and Vulnerability: Global and Sectoral Aspects: Chapter 3 Freshwater resource. Contribution of working group Ⅱ to the fifth Assessment report of the intergovernmental panel on climate change [M]. Cambridge: Cambridge University Press.

IPCC (Intergovernmental Panel on Climate Change), 2014. Climate change 2014: Synthesis report. Contribution of working groups Ⅰ, Ⅱ and Ⅲ to the fifth assessment report of the intergovernmental panel on climate change [M]. Cambridge: Cambridge University Press.

IPCC (Intergovernmental Panel on Climate Change), 2014. Climate Change 2014: Impacts, Adaptation and Vulnerability: Global and Sectoral Aspects: Chapter 7 Food security and food production systems. Contribution of working group Ⅱ to the fifth Assessment report of the intergovernmental panel on climate change [M]. Cambridge: Cambridge University

Press.

JIN, J. J., GAO, Y. W., WANG, X. M., Nam, P. K, 2015. Farmers' risk preferences and their climate change adaptation strategies in the Yongqiao District, China [J]. Land Use Policy (47): 365 - 372.

JU, H., LIN, E. D., WHEELER, T., et al., 2013. Climate change modelling and its roles to Chinese crops yield [J]. Journal of Integrative Agriculture, 12 (5): 892 - 902.

KABUNGA, N. S., DUBOIS, T., QAIM, M., 2012. Yield effects of tissue culture bananas in Kenya: accounting for selection bias and the role of complementary inputs [J]. Journal of Agricultural Economics, 63 (2): 444 - 464.

KASSIE, M., ZIKHALI, P., PENDER, J., et al., 2010. The Economics of Sustainable Land Management Practices in the Ethiopian Highlands [J]. Journal of Agricultural Economics, 61 (3): 605 - 627.

KE, W., WEN, C., 2009. Climatology and trends of high temperature extremes across China in summer [J]. Atmospheric and Oceanic Science Letters, 2 (3): 153 - 158.

KELLY, D. L., KOLSTAD, C. D., MITCHELL, G. T., 2005. Adjustment costs from environmental change [J]. Journal of Environmental Economics and Management, 50 (3): 468 - 495.

KHONJE, M., MANDA, J., ALENE, A. D., et al., 2015. Analysis of adoption and impacts of improved maize varieties in Eastern Zambia [J]. World Development (66): 695 - 706.

KOBATA, T., UEMUKI, N. 2004. High temperatures during the Grain - Filling period do not reduce the potential grain dry matter increase of rice [J]. Agronomy Journal (96): 406 - 414.

LASHKARI, A., ALIZADEH, A., REZAEI, E., et al., 2012. Mitigation of climate change impacts on maize productivity in northeast of Iran: a simulation study [J]. Mitigation & Adaptation Strategies for Global Change, 17 (1): 1 - 16.

LEE, L. F., 1978. Unionism and wage rates: A simultaneous equations model with qualitative and limited dependent variables [J]. International Economic Review, 19 (2): 415 - 433.

LEMOS, M. C., LO, Y. J., KIRCHHOFF, C., et al., 2014. Crop advisors as climate information brokers: Building the capacity of US farmers to adapt to climate change [J]. Climate Risk Management (4 - 5): 32 - 42.

LIN, E. D., XIONG, W., JU, H., et al., 2005. Climate change impacts on crop yield and quality with CO_2 fertilization in China [J]. Philosophical Transactions of the Royal Society B: Biological Sciences, 360 (1463): 2149 - 2154.

LIU, H., LI, X., FISCHER, G., et al., 2004. Study on the Impacts of Climate Change on China's Agriculture [J]. Climatic Change, 65 (1): 125 – 148.

LIU, L., WANG, E., ZHU, Y., et al., 2012. Contrasting effects of warming and autonomous breeding on single – rice productivity in China [J]. Agriculture, Ecosystems & Environment (149): 20 – 29.

LIU, S. L., PU, C., REN, Y. X., et al., 2016. Yield variation of double – rice in response to climate change in Southern China [J]. European Journal of Agronomy (81): 161 – 168.

LOBELL, D. B., BURKE, M. B., 2010. On the use of statistical models to predict crop yield responses to climate change [J]. Agricultural and Forest Meteorology, 150 (11): 1443 – 1452.

LOBELL, D. B., COSTA – ROBERTS, J., 2011. Climate trends and global crop production since 1980 [J]. Science, 333 (6042): 616 – 620.

LOBELL, D. B., 2014. Climate change adaptation in crop production: Beware of illusions [J]. Global Food Security, 3 (2): 72 – 76.

MABRY, J., 1996. Canals and communities, small – scale irrigation systems [M]. Tucson: University of Arizons Press.

MADAU, F. A., 2009. A general equilibrium analysis of the impact of climate change on agriculture in the People's Republic of China [J]. Mpra Paper, 26 – 1 (1): 206 – 225.

MADDALA, G. S., 1986. Limited – dependent and qualitative variables in econometrics [M]. Cambridge: Cambridge university press.

MADDISON, D. J., 2007. The Perception of and Adaptation to Climate Change in Africa [J]. Social Science Electronic Publishing (53): 1 – 53.

MAINUDDIN, M., KIRBY, M., HOANH, C. T., 2011. Adaptation to climate change for food security in the lower Mekong Basin [J]. Food Security, 3 (4): 433 – 450.

MARSHALL, E., AILLERY, M., MALCOLM, S., et al., 2015. Agricultural production under climate change: The potential impacts of shifting regional water balances in the United States [J]. American Journal of Agricultural Economics, 97 (2): 568 – 588.

MENDELSOHN, R., DINAR, A., 1999. Climate change, agriculture, and developing countries: does adaptation matter? [J]. The World Bank Research Observer (14): 277 – 293.

MENDELSOHN, R., NORDHAUS, W. D., SHAW, D., 1994. The Impact of Global Warming on Agriculture: A Ricardian Analysis [J]. American Economic Review, 84 (4): 753 – 771.

MERTZ, O., MBOW, C., REENBERG, A., et al., 2009. Farmers' perceptions of climate change and agricultural adaptation strategies in rural Sahel [J]. Environmental Management, 43 (5): 804 – 816.

NENDEL, C., KERSEBAUM, K. C., MIRSCHEL, W., et al., 2014. Testing farm management options as climate change adaptation strategies using the MONICA model [J]. European Journal of Agronomy, 52 (Part A): 47 – 56.

NORDHAUS, W. D., 1992. An optimal transition path for controlling greenhouse gases [J]. Science, 258 (5086): 1315 – 1319.

NORDHAUS, W. D., 2007. A review of the stern review on the economics of climate change [J]. Journal of Economic Literature, 45 (3): 686 – 702.

PARK, A., 2006. Risk and household grain management in developing countries [J]. The Economic Journal, 116 (514): 1088 – 1115.

PATT, A. G., SCHROTER, D., 2008. Perceptions of climate risk in Mozambique: implications for the success of adaptation strategies [J]. Global Environment Change (18): 458 – 467.

PIAO, S., CIAIS, P., HUANG, Y., et al., 2010. The impacts of climate change on water resources and agriculture in China [J]. Nature, 467 (7311): 43 – 51.

PIYA, L., MAHARJAN, K. L., JOSHI, N. P., 2013. Determinants of adaptation practices to climate change by Chepang households in the rural Mid – Hills of Nepal [J]. Regional Environmental Change, 13 (2): 437 – 447.

QIAN, W., SHAN, X., CHEN, D., et al., 2012. Droughts near the northern fringe of the East Asian summer monsoon in China during 1470 – 2003 [J]. Climatic Change (110): 373 – 383.

RAO, E. J. O., QAIM, M., 2011. Supermarkets, farm household income, and poverty: insights from Kenya [J]. World Development, 39 (5): 784 – 796.

RIESGO, L., GÓMEZ – LIMÓN, J. A., 2006. Multi – criteria policy scenario analysis for public regulation of irrigated agriculture [J]. Agricultural Systems, 91 (1): 1 – 28.

RODRIK, D., SUBRAMANIAN, A., TREBBI, F., 2004. Institutions rule: The primacy of institutions over geography and integration in economic development [J]. Journal of Economic Growth, 9 (2): 131 – 165.

SACHS, J. D., WARNER, A. M., 1997. Sources of slow growth in African economies [J]. Journal of African Economies, 6 (3): 335 – 376.

SAHU, N. C., MISHRA, D., 2013. Analysis of perception and adaptability strategies of the farmers to climate change in Odisha, India [J]. APCBEE Procedia (5): 123 – 127.

SCHLENKER, W., HANEMANN, W. M., FISHER, A. C., 2005. Will U. S. agriculture really benefit from global warming? Accounting for irrigation in the Hedonic approach [J]. American Economic Review, 95 (1): 395 – 406.

SCHLENKER, W., HANEMANN, W. M., FISHER, A. C., 2006. The impact of global warming on U. S. agriculture: An econometric analysis of optimal growing conditions [J]. The Review of Economics and Statistics, 88 (1): 113 – 125.

SCHLENKER, W., HANEMANN, W. M., FISHER, A. C., 2007. Water availability, degree days, and the potential impact of climate change on irrigated agriculture in California [J]. Climatic Change, 81 (1): 19 – 38.

SCHLENKER, W., ROBERTS, M. J., 2009. Nonlinear temperature effects indicate severe damages to U. S. crop yields under climate change [J]. Proceedings of the National Academy of Sciences of the United States of America, 106 (37): 15594 – 15598.

SCHULTZ, T. W., 1975. The value of the ability to deal with Disequilibria [J]. Journal of Economic Literature, 13 (3): 827 – 846.

SEO, S. N., 2014. Evaluation of the Agro – Ecological Zone methods for the study of climate change with micro farming decisions in sub – Saharan Africa [J]. European Journal of Agronomy, 52 (Part B): 157 – 165.

SEO, S. N., Mendelsohn, R., Dinar, A., et al., 2009. A Ricardian analysis of the distribution of climate change impacts on agriculture across agro – ecological zones in Africa [J]. Environmental and Resource Economics, 43 (3): 313 – 332.

SHEN, C., WANG, W., HAO, Z., et al., 2007. Exceptional drought events over eastern China during the last five centuries [J]. Climatic Change (85): 453 – 471.

SHIFERAW, B., KASSIE, M., JALETA, M., et al., 2014. Adoption of improved wheat varieties and impacts on household food security in Ethiopia [J]. Food Policy, 44 (1): 272 – 284.

SINGH INDERJIT, 1986. Agricultural household models [M]. Baltimore: Johns Hopkins University Press.

SMIT, B., 1994. Adaptation to climatic variability and change: Report of the task force on climate adaptation [D]. Kyiv: Guelph University.

SMIT, B., BURTON, I., KLEIN, R. J., et al., 2000. An anatomy of adaptation to climate change and variability [J]. Climatic Change, 45 (1): 223 – 251.

SMIT, B., BURTON, I., KLEIN, R. J., et al., 1999. The science of adaptation: a framework for assessment [J]. Mitigation and Adaptation Strategies for Global Change, 4 (3 – 4): 199 – 213.

SMIT, B., PILIFOSOVA, O., 2003. Adaptation to climate change in the context of sustainable development and equity [J]. Sustainable Development, 8 (9): 9.

SMIT, B., SKINNER, M. W., 2002. Adaptation options in agriculture to climate change: a typology [J]. Mitigation and Adaptation Strategies for Global Change, 7 (1): 85 – 114.

SONG, C. X., LIU, R. F., OXLEY, L., et al., 2018. The adoption and impact of engineering- type measures to address climate change: evidence from the major grain - producing areas in China [J]. Australian Journal of Agricultural and Resource Economics (62): 608 - 635.

SONG, C. X., OXLEY, L., MA, H. Y., 2018. What determines irrigation efficiency when farmers face extreme weather events? A field survey of the major wheat producing regions in China [J]. Journal of Integrative Agriculture, 17 (8): 1888 - 1899.

TAM, J., MCDANIELS, T. L., 2013. Understanding individual risk perceptions and preferences for climate change adaptations in biological conservation [J]. Environmental Science & Policy (27): 114 - 123.

TAMBO, J. A., ABDOULAYE, T., 2012. Climate change and agricultural technology adoption: the case of drought tolerant maize in rural Nigeria [J]. Mitigation and Adaptation Strategies for Global Change, 17 (3): 277 - 292.

TAO, F., YOKOZAWA, M., LIU, J. Y., et al., 2008. Climate - crop yield relationships at provincial scales in China and the impacts of recent climate trends [J]. Climate Research, 38 (1): 83 - 94.

TAO, F., YOKOZAWA, M., ZHANG, Z., 2009. Modelling the impacts of weather and climate variability on crop productivity over a large area: A new process - based model development, optimization, and uncertainties analysis [J]. Agricultural and Forest Meteorology, 149 (5): 831 - 850.

TAO, F., YOUSAY HAYASHI, ZHAO ZHANG. et al., 2008. Global warming, rice production and water use in China: Developing a probabilistic assessment [J]. Agricultural and Forest Meteorology (148): 94 - 110.

TAO, F., ZHANG, Z., 2011. Impacts of climate change as a function of global mean temperature: maize productivity and water use in China [J]. Climatic Change, 105 (3): 409 - 432.

TEKLEWOLD, H., KASSIE, M., SHIFERAW, B., 2013. Adoption of Multiple Sustainable Agricultural Practices in Rural Ethiopia [J]. Journal of Agricultural Economics, 64 (3): 597 - 623.

THOMAS, D. S. G., TWYMAN, C., OSBAHR, H., et al., 2007. Adaptation to climate change and variability: Farmer responses to intra - seasonal precipitation trends in South Africa [J]. Climatic Change, 83 (3): 301 - 322.

THORNTON, P. K., JONES, P. G., ALAGARSWAMY, G., et al., 2010. Adapting to climate change: Agricultural system and household impacts in East Africa [J]. Agricultural Systems, 103 (2): 73 - 82.

TINGEM, M., RIVINGTON, M., 2009. Adaptation for crop agriculture to climate change in Cameroon: Turning on the heat [J]. Mitigation and Adaptation Strategies for Global Change, 14 (2): 153 - 168.

TIZALE, C. Y. , 2007. The dynamics of soil degradation and incentives for optimal management in the Central Highlands of Ethiopia [D]. Pretoria: University of Pretoria.

TRUELOVE, H. B. , CARRICO, A. R. , THABREW, L. , 2015. A socio - psychological model for analyzing climate change adaptation: a case study of Sri Lankan paddy farmers [J]. Global Environmental Change (31): 85 - 97.

TUBIELLO, F. N. , SOUSSANA, J. F. , HOWDEN, S. M. , 2007. Crop and pasture response to climate change [J]. Proceedings of the National Academy of Sciences of the United States of America, 104 (50): 19686 - 19690.

United Nations Development Programme (UNDP), 2007. Human Development Report 2007/ 2008 [R]. New York.

VARELA - ORTEGA, C. , BLANCO - GUTIÉRREZ, I. , ESTEVE, P. , et al. , 2016. How can irrigated agriculture adapt to climate change? Insights from the Guadiana Basin in Spain [J]. Regional Environmental Change, 16 (1): 59 - 70.

WALLANDER, S. , HAND, M. , 2011. Measuring the impact of the Environmental Quality Incentives Program (EQIP) on irrigation efficiency and water conservation [R]. AAEA&NAREA joint Annual Meeting.

WANG, J. X. , HUANG, J. K. , ROZELLE, S. , et al. , 2007. Agriculture and groundwater development in northern China: trends, institutional responses, and policy options [J]. Water Policy, 9 (S1): 61 - 74.

WANG, J. X. , HUANG, J. K. , WANG, Y. J. , 2014. Overview of impacts of climate change and adaptation in China's agriculture [J]. Journal of Integrative Agriculture, 13 (1): 1 - 17.

WANG, J. X. , MENDELSOHN, R. , DINAR, A. , et al. , 2009. The impact of climate change on China's agriculture [J]. Agricultural Economics, 40 (3): 323 - 337.

WANG, Y. J. , HUANG, J. K. , WANG, J. X. , et al. , 2018. Mitigating rice production risks from drought through improving irrigation infrastructure and management in China [J]. Australian Journal of Agricultural and Resource Economics, 62 (1): 161 - 176.

WANG, Y. J. , HUANG, J. K. , WANG, J. X. , 2014. Household and community assets and farmers' adaptation to extreme weather event: the case of drought in China [J]. Journal of Integrative Agriculture, 13 (4): 687 - 697.

WATSON, R. T. , ZINYOWERA, M. C. , MOSS, R. H. , 1996. Climate Change 1995 impacts, adaptations and mitigation of climate change: Scientific - technical analysis [M]. Cambridge: Cambridge University Press.

WEI, T., CHERRY, T. L., GLOMRøD, S., et al., 2014. Climate change impacts on crop yield: Evidence from China [J]. Science of the Total Environment, 499 (Supplement C): 133 – 140.

WELCH, J. R., VINCENT, J. R., AUFFHAMMER, M., et al., 2010. Rice yields in tropical/subtropical Asia exhibit large but opposing sensitivities to minimum and maximum temperatures [J]. Proceedings of National Academy of Science of the USA, 107 (33): 14562 – 14567.

WILLIS, R. J., ROSEN, S., 1979. Education and self – selection [J]. Journal of political Economy, 87 (5): 7 – 36.

WOOLDRIDGE, J. M., 2010. Econometric analysis of cross section and panel data [M]. Cambridge: MIT press.

World Bank, 2010. Economics of Adaptation to Climate Change: Synthesis Report [R]. Washington, D. C. : The World Bank.

WOZNIAK, G. D., 1984. The Adoption of Interrelated Innovations: A Human Capital Approach [J]. The Review of Economics and Statistics, 66 (1): 70 – 79.

XIAO, G., QIANG, Z., YU, L., WANG, R., et al., 2010. Impact of temperature increase on the yield of winter wheat at low and high altitudes in semiarid northwestern China [J]. Agricultural Water Management, 97 (9): 1360 – 1364.

YANG, Y., YANG, Y., MOIWO, J. P., et al., 2010. Estimation of irrigation requirement for sustainable water resources reallocation in North China [J]. Agricultural Water Manage, 97 (11): 1711 – 1721.

YE, L., XIONG, W., LI, Z., et al., 2013. Climate change impact on China food security in 2050 [J]. Agronomy for Sustainable Development, 33 (2): 363 – 374.

YEGBEMEY, R. N., YABI, J. A., TOVIGNAN, S. D., et al., 2013. Farmers' decisions to adapt to climate change under various property rights: A case study of maize farming in northern Benin (West Africa) [J]. Land Use Policy (34): 168 – 175.

YESUF, M., FALCO, S. D., DERESSA, T., et al., 2008. The impact of climate change and adaptation on food production in low – income countries: Evidence from the Nile Basin, Ethiopia [D]. Washington, D. C. : International Food Policy Research Institute.

YIN, P., FANG, X., YUN, Y., 2009. Regional differences of vulnerability of food security in China [J]. Journal of Geographical Sciences, 19 (5): 532 – 544.

YOU, L., ROSEGRANT, M. W., WOOD, S., et al., 2009. Impact of growing season temperature on wheat productivity in China [J]. Agricultural and Forest Meteorology, 149 (6): 1009 – 1014.

YU, Y., HUANG, Y., ZHANG, W., 2012. Changes in rice yields in China since 1980 associated with cultivar improvement, climate and crop management [J]. Field Crops Research (136): 65 - 75.

ZHAI, P., ZHANG, X., WAN, H., et al., 2005. Trends in total precipitation and frequency of daily precipitation extremes over China [J]. Journal of climate, 18 (7): 1096 - 1108.

ZHANG, P., ZHANG, J., CHEN, M., 2017. Economic impacts of climate change on agriculture: The importance of additional climatic variables other than temperature and precipitation [J]. Journal of Environmental Economics and Management (83): 8 - 31.

ZHANG, S., TAO, F., ZHANG, Z., 2016. Changes in extreme temperatures and their impacts on rice yields in southern China from 1981 to 2009 [J]. Field Crops Research (189): 43 - 50.

ZHANG, T., HUANG, Y., 2012. Impacts of climate change and inter - annual variability on cereal crops in China from 1980 to 2008 [J]. Journal of the Science of Food and Agriculture (92): 1643 - 1652.

ZHANG, T., ZHU, J., WASSMANN, R., 2010. Responses of rice yields to recent climate change in China: an empirical assessment based on long - term observations at different spatial scales (1981—2005) [J]. Agricultural and Forest Meteorology (150): 1128 - 1137.

ZHANG, Y., XU, Y., DONG, W., et al., 2006. A future climate scenario of regional changes in extreme climate events over China using the PRECIS climate model [J]. Geophysical Research Letters, 33 (24).

ZIERVOGEL, G., BHARWANI, S., DOWNING, T. E., 2006. Adapting to climate variability: Pumpkins, people and policy [J]. Natural Resources Forum, 30 (4): 294 - 305.

ZONG, Y., CHEN, X., 2000. The 1998 flood on the Yangtze, China. [J]. Natural Hazards, 22 (2): 165 - 184.

后　记

　　本书是我走上学术研究道路以来的第一部著作，凝结了我硕博研究生阶段所有心血和汗水。随着博士毕业，并顺利进入高校工作，多年的付出终于获得了收获，也将转化为我未来科研道路的宝贵经验。本书更是我学术生涯的起点，使我从中体会到了科学研究的乐趣、意义和价值。

　　科研的道路并不是一帆风顺的，甚至是历经艰辛，方能柳暗花明。找不到论文创新点时，那种彷徨与迷茫不断涌向心头；论文被拒稿时，郁闷与失望充斥心扉，这便是"山重水复疑无路"。而当收到论文录稿通知，顺利完成答辩，又或是拿到国家自然科学基金资助时，这种学术上的认同感、成就感真的可以用欣喜若狂的心情来形容，这便是"柳暗花明又一村"。有人说，当大学老师很轻松，除了给学生上课之外，其他都是自己的时间。我对这种看法不以为然，高校老师肩负培养人才的使命，既要做好教学，做到"言传"，又要搞好科研，做到"身教"，只有教学和科研两手抓，才能发挥各自优势、协同育人，更好地培养一流人才。因此，除了给学生上课之外，其他时间不论白天黑夜，都需要我们静下心来思，沉下心来写，稳下心来干。

　　本书的完成和最终出版得益于众多师长的无私教导，亲人的温暖关怀，对他们我衷心地致以最诚挚的谢意！首先我要感谢的是我的导师——马恒运教授。马老师对研究问题具有敏锐的洞察力，向他请教时，总能提出独到的研究视角，只要几句话就能让我有一种"醍醐灌顶"之感。最让我钦佩的是马老师勤勉尽责、一丝不苟的科研精神。论文审阅批注里经常是些密密麻麻的修改意见，对我每篇论文批改都差不多要10稿以上。最让我感动的是，有一次老师住院了，去看望他时，他躺在病床上手臂挂着吊针的情况下还正在修改我前一天发给他的论文。之后的大半个小时里他边指导我边记录文章的问题，我甚至担心他手臂上的针管会随时跑水，可是他已忘却自己是一名病人，那种专注、认真的科研精神让我不禁打湿眼眶。谆谆如父语，殷殷似友亲，从马老师身上我学到的不仅是做学问应有的认真、细致与坚持，更有为人的谦逊与仁厚，他既是我学术道路的引路人，更是一座灯塔，指引着我不断前进。

感谢河南农业大学经济与管理学院的各位领导老师对我的关心帮助，对本书出版的大力支持。

特别感谢我的父母。感谢父母在我的人生道路上指引着正确方向，让我少走了不少弯路；感谢父母为我创造的生活条件，对我无数次的包容，对我们小家庭的照顾，让我安心投身事业。感谢父母不计回报的付出，他们永远都是我的根源与支柱！我永远爱他们。

由衷感谢我的爱人——黄笑。与他在一起的十四年中，结婚的七年里，无时无刻不让我感受到爱。在工作中他总能为我指点迷津，在生活中他总能宽容原谅。当我遭遇挫折时，他会耐心地开导我；当我偶尔懈怠时，他会不断地鞭策我；当我要写课题或者备课时，他会主动承担起带娃的使命；当我需要比赛时，他的指导和建设性意见犹如一剂强心针。让我们彼此携手共进，共同努力，保持同一节奏，相互成就对方。感谢我的宝宝——开心，因为有了宝宝，一切变得更美好，因为有了宝宝，小家庭充满了希望与活力。

人生走过，经历过，虽艰辛，但无悔。最后感谢我的母校和工作单位——河南农业大学，我将秉怀明德自强、求是力行的信念，自觉肩负培养人才使命，在未来的教学和科研道路上继续不忘初心、砥砺前行。

宋春晓　于河南农业大学

2022 年 4 月